미디어 글쓰기

현장 취재에서 기사 작성까지

미디어 글쓰기

오정국 지음

아시아

그토록 꿈에 그리던 신문기자가 되어 첫 출근을 했던 날, 편집국의 규모에 놀라지 않을 수 없었다. 광막한 벌판 같았다. 군데군데 책상이 도열해 있었고, 신문들이 어지럽게 흩어져 있었다. 더욱 의아했던 건 거기에 앉아 있던 기자들의 얼굴이었다. 백랍처럼 아무런 표정이 없었고, 짧고 날카로운 눈빛으로 신입 기자들을 쳐다보았다. 어디선가 전화통에다 욕설을 퍼붓는 고함 소리가 들려왔다. 이상하게도 그때서야 필자는 숨을 쉴 수 있었다. 사방은 또 다시 태풍 전야 같은 고요 속으로 가라앉았고, 기자들은 저마다 책상에 코를 박은 채 기사 원고를 쓰는데 여념이 없었다. 괴이쩍고도 긴장된 풍경들이었다.

필자는 그렇게 신문기자의 세상 속으로 첫발을 내딛었다. 그리고 세월이 어떻게 지나가는지 모르게 십칠 년 동안 취재 현장을 뛰었는데, 무수한 시행착오를 겪어야 했다. 담당 데스크나 선임 기자들로부터 욕도 많이 먹었다. 독자들로부터 거센 항의와 끔찍한 협박도 받았다. 어디 그뿐인가. 연암 박지원의 『열하일기(熱河日記)』를 답사하는 기획 취재를 하다가 안개 낀 협곡의 까마득한 벼랑 아래로 굴러떨어질 뻔하기도 했다. 취재 현장의 '들끓는 피'와 함께 울고 웃고, 설레고 벅차고, 분노하고 절망했던 순간들. 그런데, '취재는 이렇게, 기사 쓰기는 이렇게…'라고 말해주는 선배는 없었다. 그토록 하루하루가 급박했던 것일까? 올챙이 기자들이 스스로 알아서 어깨너머로 배워야 하는, 이런 도제식(徒弟式) 시스템이 또 어디 있을까 싶었다. 교본이 없는 취재 현장, 그리고 기사 쓰기. 그야말로 주먹구구식 좌충우돌이었고, 몸으로 부딪혀서 체득해야 하는 '기자 만들기'였다. 거기에도 엄연한 룰과 원칙이 있었다. 그러나 거기에 관한 매뉴얼이 없었다. 너무나 아쉬웠다.

이 책은 현장 취재에서부터 기사 작성까지, 미디어 글쓰기의 기초 이론과 실전적인 노하우를 담고자 했다. 이 책은 신문과 방송, 잡지, 사보(社報)의 기자를 꿈꾸는 젊은이들을 위한 실용적 가이드북으로 쓰였다. 이와 관련된 국내외의 저술은 다양하다. 그러나 대부분 이론 중심이어서 미디어 글쓰기의 실상을 파악하는 게 쉽지 않다. 미디어 글쓰기를 익히려는 이들에게 구체적이고 실질적인 도움이 되지 못하고 있다.

이 책은 필자의 일선 기자 경험과 대학교에서의 '미디어 글쓰기' 강의 경험을 바탕으로 쓰였다. 필자는 신문사와 방송사, 그리고 언론유관단체를 거쳐 대학으로 직장을 옮겨 왔다. 대학에서 전공 분야인 '현대시'와 '미디어 글쓰기'를 강의하면서 늘 아쉬웠던 게 '미디어 글쓰기' 관련 교재였다. 게다가, 언론정보학과는 물론 문예창작학과에서도 '르포문학' '스토리텔링' '논픽션' 강좌가 늘고 있는데, 실용적 교재를 찾기 어렵다는 말을 자주 들어 왔다. 따라서, 필자는 이 책의 집필을 구상하게 되었고, 수년간 '미디어 글쓰기' 강의를 하면서 자료를 모아 왔다.

이 책은 현장 실습과 과제 풀이 위주로 구성됐다. 각 장(章)의 서두에선 '뉴스의 개념' '취재의 정의' '기사의 유형' 등 기본적인 이론을 소개하고 이에 따른 실습 과제를 제시해 연습 문제를 풀듯이 주제별 핵심에 접근하도록 했다. 실습 과제에 대한 답안과 평가 방법을 밝혀 둠으로써 일반 독자들도 스스로 학습할 수 있도록 꾸몄다. 이와 함께 각 절(節)의 주제에 부합되는 신문 기사와 실습생 연습 기사를 예문으로 넣었다. 구체적인 자료를 제시함으로써 독자의 이해를 돕고자 했고, 각주를 통해 보충 설명을 하였다. 또 각주는 취재 에피소드나 미디어 관련 상식을 담아 '읽을거리' 재미를 주도록 했다.

이 책 한 권으로 현장 취재와 기사 작성법을 숙지할 순 없을 것이다. 하지만 이 책을 통해 뉴스 메신저이자 메이커인 기자의 세계를 미리 알게 된다면 보도 매체에 대한 젊은 독자들의 관심이 더욱 높아지겠고, 진로 선택에도 도움이 되리라고 생각된다. 이른바 '영상 시대' '디지털 정보혁명 시대'이지만, 그 밑바탕을 이루는 스토리는 역시 아날로그적 문장으로 되어 있다. 따라서, 보도 문장의 기본을 익히면 다큐멘터리나 스토리텔링 등 다양한 글쓰기에도 활용될 수 있으리라 여겨진다.

이 책은 기업의 홍보 담당자나 출판사 편집부원의 고충을 덜어 주는 데도 필요할 것으로 보인다. 필자는 최근에도 어느 기업과 출판사 측으로부터 "보도 자료를 어떻게 만들어야 할지 모르겠다"는 말을 들었다. 이 책에 담긴 뉴스 보도 과정을 이해하고 스트레이트기사 작성법의 특성을 익힌다면 적지 않은 도움이 될 것이다.

필자는 언론의 기자 정신과 그 자세에 대해서도 언급하고 싶었으나, 가당찮은 계몽성이 될까 싶어 기사 작성 노하우를 살피는 데 집중하였다. 기자의 자세에 관한 사항은 각주나 본문의 행간에 담아두었다. 본문에 인용한 기사마다 저작권료를 지불하긴 했지만, 순간순간 피를 말리듯 쓴 기사를 기꺼이 게재토록 해준 선·후배 기자들을 비롯해 현장 실습을 다녔던 '미디어 글쓰기' 수강생들, 그리고 멋진 아이디어를 내면서 책을 출간해 준 도서출판 아시아에 감사드린다.

2013년 2월
북한산 자락 정릉에서 오정국

차례

지은이의 말 4

I. 디지털 시대의 미디어 글쓰기

1. 미디어 글쓰기의 정의 15

2. 미디어 글쓰기의 필요성 25

3. 미디어 글쓰기의 원칙 29

II. 뉴스 보도의 원칙

1. 뉴스의 정의 39

2. 뉴스 가치 평가 기준 45

    (1) 새로운 소식이어야 한다 _시의성(timeless)

    (2) 파급 효과가 클수록 뉴스 가치가 높아진다 _영향성(Impact)

    (3) 뉴스 수용자의 주변 뉴스가 관심을 끈다 _근접성(proximity)

    (4) 이해 당사자가 대립할수록 기사 가치는 높아진다 _갈등성(conflict)

    (5) 특이한 소식이 관심을 끈다 _희귀성(unusualness)

    (6) 저명 인사일수록 뉴스 가치는 커진다 _저명성(prominence)

    (7) 인간적 관심을 유발시켜야 한다 _흥미성(interest)

3. 뉴스 보도의 원칙 69

   (1) 정확성(accuracy)

   (2) 객관성(objectivity)

   (3) 공정성(fairness)

III. 취재의 노하우

1. 취재의 정의 77

2. 취재의 종류 79

   (1) 현장 취재

   (2) 의견 취재

   (3) 인물 인터뷰

3. 취재 수칙 94

   (1) 문제의식을 가져라

   (2) 발로 뛰고 머리로 판단하라

   (3) 사이비 정보를 유의하라

   (4) 철저하게 준비하라

   (5) 취재원을 확보하고 보호하라

   (6) 개인의 사생활 취재에 신중을 기하라

IV. 기사 쓰기의 노하우

1. 기사의 구성 109

   (1) 제목

   (2) 리드

2. 기사의 구조 119

   (1) 역피라미드형 기사

   (2) 피라미드형 기사

(3) 혼합형 기사

(4) 다이아몬드형 기사

3. 기사의 유형 130

(1) 스트레이트기사

(2) 해설기사

(3) 피처기사

① 인터뷰기사

② 스케치기사

③ 가십기사

(4) 의견기사

4. 기사 쓰기 수칙 146

(1) 한 가지 주제를 명확하게 잡아라

(2) 육하원칙에 의거해 구체성을 확보하라

(3) 정확하고 명료하게 표현하라

(4) 짧은 문장을 사용하라

(5) 객관적 사실과 주관적 의견을 구분하라

(6) 기사의 중요도를 예측하라

(7) 첫 문장에 혼신의 힘을 다하라

(8) 취재원을 밝히되, 숨겨야 할 경우도 있다

(9) 사진이나 통계, 도표를 활용하라

(10) 후속 보도를 생각하라

V. 미디어 글쓰기의 활용

1. 르포 글쓰기 171

(1) 르포 글쓰기의 정의

(2) 르포 글쓰기, 체크 포인트

① 기획으로 승부하라

② 기사의 유형을 염두에 두자

③ 인상적인 리드를 앞세우자

④ 문학적 표현으로 악센트를 주자

⑤ 인터뷰가 르포를 돋보이게 한다

⑥ 다양한 시각적 자료를 제시하라

2. 다큐멘터리 글쓰기 179

(1) 다큐멘터리 글쓰기의 정의

(2) 다큐멘터리 글쓰기, 체크 포인트

① 처음과 끝이 인상적이어야 한다

② 이야기의 강약을 조절해야 한다

③ 짧은 문장으로 생동감 있게 표현하라

④ 화법과 어조를 미리 결정해야 한다

⑤ 논증의 자료를 제시해야 한다

3. 스토리텔링 글쓰기 186

(1) 스토리텔링 글쓰기의 정의

(2) 스토리텔링 글쓰기, 체크 포인트

① 단일한 스토리로 얽어 짜라

② 인물을 부각시켜라

③ 구어체를 사용하라

④ 쉽고 용이하게, 단문으로 쓰라

⑤ 문답 형식을 도입하라

⑥ 수수께끼를 활용하라

⑦ 가치 평가를 개입시켜라

함께 읽으면 좋은 책 198

일러두기

이 책에 예문으로 쓰인 신문 기사는 최대한 원문을 살려 실었음을 밝혀둡니다.

I

디지털 시대의 미디어 글쓰기

1

미디어 글쓰기의 정의

미디어 글쓰기란 무엇인가? 미디어 글쓰기란 용어는 추상적 개념이다. 미디어(media)와 글쓰기(writing)의 합성어이자 신조어(新造語)이다. 저널리즘 글쓰기와 유사한 개념인데, 저널리즘(journalism)은 주로 신문과 잡지, 그러니까 인쇄 매체를 중심으로 뉴스와 정보, 의견을 전달하는 행위를 의미한다. 저널리즘은 뉴스나 정보 공급자의 주관적인 가치 평가가 개입되는 '언론(言論)'이란 의미가 강하다. 이에 비해 미디어는 현대사회의 다양한 의사소통 채널을 지칭하는 용어이다. 여기엔 인쇄 매체를 비롯해 방송과 인터넷, 그리고 개인 통신기기까지 포함되는데, 다분히 매체 중심적인 용어라고 말할 수 있다.

미디어는 라틴어인 'medius'에 어원을 두고 있다. '중간적인 것, 수단'이란 뜻인데, 이 역시 포괄적인 개념이다. 이 낱말은 맨 처음 이질적인 사물끼리의 충돌을 방지하기 위한 '격리 물질'이란 의미로 사용됐다.

이후 특정 사실을 기록하기 위한 CD-ROM이나 자기 테이프 등 '물리
적 매체'를 뜻하게 되었고, 요즘엔 문자나 소리, 영상 등 '정보의 표현
수단'이라는 개념으로 쓰이고 있다. 그러니까, 특정 정보를 전달하거
나 수용하는 데 사용되는 매체, 또는 매개체를 지칭하게 된 것이다.

　지구 생태계가 그러하듯, 미디어의 개념과 종류 그리고 환경 또한 급
변하고 있다. 미디어는 사실의 기록과 저장, 전달을 가능케 했던 '활자
미디어'에서 시간과 거리 개념을 혁신적으로 단축시킨 '전파 미디어'를
통과해서, 영상 이미지 전달을 가능케 한 '비디오 미디어'에 이르렀다.
여기에다 기존 미디어를 복합적으로 활용하는 '뉴미디어'가 등장했다.

　이에 따라 미디어 환경 또한 하루가 다르게 바뀌어 가고 있다. 정보
공급자의 일방적 채널인 대중적 매스컴의 영향력이 갈수록 떨어지
고, 쌍방향 정보 교환을 가능케 한 멀티미디어가 위력을 떨치고 있다.
이는 미디어 기술의 경쟁과 조화에서 비롯된 것인데, 기술 문명의 발
달과 함께 커뮤니케이션의 형태와 방법도 눈부시게 달라지고 있다.[1]

1_　　미디어별 매일 이용했다는 응답률 (단위 : %, n=5,000)

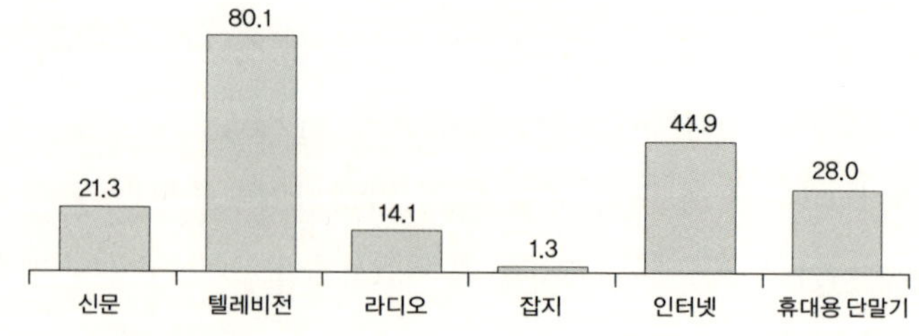

위는 한국언론진흥재단이 발표한 '2011년 언론수용자 의식조사' 결과 보고서의 도표이다.
최근의 미디어 수용 형태를 잘 보여 주고 있는데, 이 조사에 따르면 개인별 미디어 이용 시

특히, 다매체 다채널 시대의 소셜 미디어는 '개방' '참여' '공유'를 슬로건으로 내세우며 '1인 미디어 시대'를 열었다. 최근 국내 스마트폰 가입자가 3천만 명을 돌파했다고 한다. 실시간으로 공급되는 크고 작은 뉴스와 이에 대한 평가는 정보 공급자와 수용자의 경계를 무너뜨렸고, '쌍방향 개방성'을 확산시키고 있다.

미디어 환경의 변화에 따라 미디어의 기능도 다각도로 확산되며 변용되고 있다. 그러나, 미디어의 본질적 기능까지 달라지는 것은 아니다. 미디어의 기능에 관한 논의는 여러 언론학자들에 의해 제기되어 왔지만, 이를 가장 체계적으로 종합한 학자는 찰스 라이트(Charles R-Wright)였다. 그는 미국의 정치학자 헤럴드 라스웰(Harold Dwight Lasswell)이 제시한 '환경 감시' '상관 조정' '사회 유산 전수' 기능에다가 '오락 기능'을 덧붙였다.

미디어의 '환경 감시'란 사회 각 분야에서 일어나는 사건·사고를 수집하고 보도함으로써 인간 삶의 사회적 환경을 감시한다는 의미이다. '상관 조정'이란 특정 사안을 보도함으로써 사회 각계의 의견을 조정하고 대응책을 모색한다는 의미를 지닌다. '사회 유산 전수'란 한 시대의 각종 정보를 다음 세대에게 전해주는 기록적·교육적 기능을 말

간이 하루 평균 37.3분으로 지난해보다 35.9분 늘어난 것으로 나타났다. 종이 신문의 열독률은 지난해 보다 8퍼센트 떨어진 44.6퍼센트였지만, 컴퓨터나 휴대용 단말기 등을 통해 신문 기사를 읽는 경우가 73.6퍼센트로 나타났다. 이 조사는 전국 16개 시도에 거주하는 만 18세 이상 시민 5천 명을 대상으로 2011년 9월 5일부터 10월 20일까지 가구 방문 면접 조사를 통해 실시됐으며, 2012년 1월 발표됐다.

한다. 그리고 '오락 기능'은 흥미 위주의 뉴스를 통해 사회 구성원의 휴식과 기분 전환을 돕는다. 텔레비전과 인터넷, 그리고 개인 통신기기의 발달로 이 기능이 더욱 강화되었다.

미디어 글쓰기란 미디어 수용자를 위한 글쓰기를 말한다. 따라서, 이 글쓰기는 다분히 실용적이며 대중적이며 목표 지향적이다. 미디어 글은 메시지를 전달함으로서 수명을 다한다. 뉴스가 그러하듯, 단발성으로 끝나 버리는 글이다. 그러나 그 파급력과 영향력은 지대하다. 미디어 글은 전통적인 인쇄 매체와 전파 매체, 그리고 개인 통신기기로 전파되는 글을 통칭하는 개념이다. 이를테면, 신문과 잡지, 사보(社報) 등에 게재되는 글을 비롯해 텔레비전 방송과 라디오, 인터넷, 개인 통신기기를 통해 전달되는 글이다. 여기서 신문과 잡지 그리고 방송 매체의 보도용으로 작성되는 경우, 이를 '기사(記事)'라고 말한다.

그렇다면, 미디어 글쓰기를 어떻게 시작해야 할 것인가? 우선, 미디어 글의 특성을 알아야 할 것이다. 필자는 '미디어 글쓰기' 강좌의 첫 시간이면 으레 이런 주문을 한다. 즉, "이제부턴 시와 소설, 희곡 등 문학이란 장르를 깨끗이 잊어 달라"는 것이다. 수강생들 중 문예창작학과 학생들이 어리둥절한 표정을 짓는다. 미디어 글쓰기에도 문학적 사고나 재능이 필요하지 않겠느냐는 뉘앙스이다. 이에 대한 답변은 "필요 없다"이다. 그 이유는 문학적 감수성이나 상상력이 미디어 글쓰기의 방해 요소가 될 수 있기 때문이다.

미디어 글쓰기는 문학작품 창작이 아니다. 그러니까, 예술적 감수성이나 재능에 의존하지 않는다는 뜻이다. 미디어 글은 사실(事實,

fact) 전달을 목적으로 한다. 불특정 다수의 대중에게 특정 메시지를 전달하기 위해 일정한 틀(frame)에 맞추어 작성하는 문장이다. 따라서, 이러한 글쓰기는 도식적(圖式的)인 글쓰기이다. 미디어의 특성에 맞는 기사의 유형에 내용을 대입시키는 것이기 때문에 그 메커니즘을 습득해야 한다. 결국, 이 메커니즘을 어떻게 익히느냐가 관건이 된다. 미디어 글쓰기 또한 다른 글쓰기처럼 왕도(王道)가 없다. 지름길도 없다. 오로지 반복된 훈련을 통해 체득된다. 문제는 그 훈련법이 정돈되어 있지 않다는 것이다.

신문사나 방송사에 입사하면, 무조건 6개월 동안 '견습 기자(수습 기자, 인턴 기자)' 생활을 해야 한다. 이때 취재 및 기사 작성법을 익혀서 정식 기자가 된다. 이 기간은 학습자(견습 기자)와 피학습자(언론 매체)가 기자의 자질과 능력을 함께 테스트하는 과정이다. 언론정보학과(또는 신문방송학과) 졸업생이어도 막막하긴 마찬가지다. 미디어 글쓰기는 선행 학습이나 이론으로 익혀지는 게 아니기 때문이다. 오로지 실전을 통해서 익혀진다. 요즘도 국내 언론들의 기자 양성 방식은 '도제식(徒弟式)'이다. 취재를 비롯해 기사 작성 방법을 실전을 통해 익힌다. 기사의 패턴과 유형을 암기한다. 견습 기자는 눈으로 보고 발로 뛰며, 무수한 시행착오를 겪어 비로소 한 사람의 기자가 된다. 이처럼 미디어 글쓰기는 대장장이가 쇠를 두드려서 기술을 연마하듯 체험을 통해 터득한다.

이를 두고 볼 때, 일반인들도 미디어 글쓰기의 메커니즘을 익히면 누구나 멋진 기사문을 쓸 수 있다는 것이다. 그럼, 다음 예문들을 읽고 이 글의 필자가 염두에 두고 있는 독자층을 측정해보자. 그리고 글의 제목을 한번 달아보자.

예문 1

대학 강의실에서 가끔씩 이런 질문을 받는다. "어떻게 하면, 글을 잘 쓸 수 있을까요?"라는 질문이다. 나는 거기엔 정답이 없다고 말한다. 그렇다, 글쓰기엔 왕도(王道)가 없다. 문학에서는 흔히 중국 송나라의 문장가 구양수가 말한 '삼다[多讀, 多作, 多商量]'가 작품창작의 '비결 아닌 비결'로 거론된다. 언젠가, 글쓰기 관련 강의를 듣는 학생들에게 이런 시험문제를 낸 적이 있었다.

(1) 내 글쓰기의 방해요소는?

(2) 나는 글을 잘 쓸 수 있다. 그 이유는?

(1)에 대한 답안은 그야말로 각양각색이고, 무척 흥미로웠다. 이를 소개하면, '글을 잘 못 쓸 것이라는 고정관념' '글을 잘 써야 한다는 강박관념' '지저분하고 어지러운 책상' '독서를 귀찮아하는 마음' '경험 부족' '산만한 성격' '잡다한 생각들' '자신감 부족' '성급한 성격' '귀차니즘' '컴퓨터' '빈약한 독서량' '책값을 너무 아낀다' '운동' '농구' '여친' '남친' '게으름' '칭찬받고 싶다는 생각' '이공계 출신' '글을 읽고 날 이상하게 보면 어쩌나 하는 생각' '휴대폰' '빈약한 배경지식' '텔레비전' '의지박약' '잠' '놀자는 친구들' '그날의 기분' '재능 부족' 등이었다. 요즘 젊은이들의 생활상을 보여주는 답안들인데, 나는 성의껏 답을 쓴 학생들에게 모두 동그라미를 쳤다. 그 이유는, 글을 쓰는 방법에는 정답이 없기 때문이다. 그렇다면, 글을 쓰기 위해선 무얼

어떻게 하라는 것인가?

글을 잘 쓰려면, 우선 '글쓰기의 방해요소'를 제거해야 한다. 위의 답변 중 '이공계 출신' '경험 부족' '자신감 부족' '재능 부족' 등은 글쓰기의 방해요소라고 볼 수 없다. 이것은 하나의 편견에 불과하다. '이공계 출신' 또는 '이공계 학생'이기 때문에 글을 잘 쓸 수 없다면, 인문사회계열 학생은 당연히 컴퓨터를 잘 다루지 못해야 한다. 과연 그런가? '자신감'이나 '재능'이 부족하다는 건 지레 겁을 먹는 행위다. 그리고 '경험'이란 글을 쓰면서 차츰 축적해가면 되는 게 아닐까? 글은 누구나 쓸 수 있다. 글쓰기가 어렵다는 건 편견이다. '나도 글을 잘 쓸 수 있다'는 자신감이 그 무엇보다도 중요하다.

둘째, 글을 잘 쓰기 위해선 메모를 하는 습관이 필요하다. 전철이나 버스, 음식점, 도서관 등에서 틈틈이 떠오르는 생각을 짤막짤막하게 적어두자. 책에서 읽은 멋진 구절이나 친구의 말, 교수의 강의 내용을 옮겨도 좋다. 일기를 쓰는 것도 좋은 방법이 되겠는데, 일기는 꼭 잠들기 전에 써야 되는 게 아니다. 일기는 '거룩한 반성문'이 아니다. 작은 노트에 그때그때의 느낌을 문장으로 잡아두자.

셋째, 책갈피 메모나 스크랩을 활용하자. 책을 읽을 때 메모를 하거나 신문 잡지의 필요한 기사는 복사를 해두자. 포스트잇을 책갈피에 끼워둬도 좋고, 인상적인 풍경을 스마트폰에 담아둬도 좋을 것이다. 물론, 이런 자료들을 그때그때 주제별로 분류해둬야 한다.

마지막으로, 멋진 글을 쓰려면 글의 목적과 형식을 먼저 생각해야 한다. 글의 목적에 맞는 주제를 정해둬야 글을 쓰면서 흔들리지 않는다. 주제에 따라 글감(소재, 자료)을 수집하고 분류해야 하는 건 당연한 일.

숙달된 글쓰기는 하루아침에 이뤄지지 않는다. 글은 글쓴이의 '고민의 흔적'이다. 그런 흔적이 없는 글은 '죽은 글'이다. 이제 필요한 건 "나도 글을 잘 쓸 수 있다"는 자신감과 글쓰기를 향한 의지이다. 위의 (2)번 문항에 대한 나름대로의 답을 적어 책상 앞에 붙여두자. 그리고 무조건 문장을 만들어 가자. 이것이 비결이다. 일기를 쓰듯, 아니면 친구나 연인에게 말을 건네듯 글을 쓰자. 글은 글을 쓸 때 가장 많이 는다. 수영 선수는 수영을 할 때 실력이 가장 많이 는다. 그렇지 않는가.

예문 2

지난해 제53회 칸국제영화제는 〈어둠 속의 댄서〉를 위한 영화제라고 해도 과언이 아니었다. 영화제 중반 〈어둠 속의 댄서〉 시사회가 끝나자 황금종려상(최우수작품상)의 행방은 결정되고 말았다. 영화제 관계자들의 예상은 그대로 적중했고, 뜻밖이라면 영화에 처음 출연한 비요크가 여우주연상까지 타게 된 정도였다. 〈어둠 속의 댄서〉가 마침내 오는 24일 국내에서도 햇빛을 보게 된다. 이 작품은 덴마크의 세계적 감독인 라스 폰 트리에가 그의 '도그마95' 선언을 깨고 전통적 영화문법으로 연출한 뮤지컬 드라마. '참혹한 어둠'이 피워내는 '빛의 찬가'인 이 영화는 시종 두 요소가 극적 대비를 이룬다. 영화의 스토리는 '빛'과 '어둠', 카메라 워킹은 '핸드헬드'와 '안정된 화면'으로 구분된다. 스토리는 간단하지만 실명(失明)을 모티프로 한 비극적 은유는 풍요롭다. 1960년대, 체코에서 미국으로 이민온 여성 셀마(비요크)는 싱크대 공장의 프레스공으로 일하며 틈틈이 극단을 찾아가 뮤지컬 연습을 한다. 뮤지컬 배우를 꿈꾸는 그녀에게 실명의 위기가 닥쳐온다. 그녀는 자신을 닮아

아들도 시력을 잃어가자 아들의 수술비를 모은다. 그 돈을 이웃인 경찰에게 도둑맞자 우발적으로 그를 살해한다. 자신의 총에 맞아 죽어가면서 돈을 움켜쥐고 있는 경찰의 손아귀를 풀어내는 장면이 끔찍스럽다. 셀마는 사형선고를 받지만 변호사 선임을 거부한다. 자신의 돈을 아들의 눈수술에 쓰기 위해서다. 셀마의 비극적 죽음으로 마감되는 이 영화는 극한 상황에서의 모성애를 비롯, 이민자에 대한 미국의 편견, 사형제도에 대한 비판적 메시지를 담고 있다. 그러나 영화 전편을 관류하는 것은 역시 '빛'과 '어둠'의 강렬한 대비다. 라스 폰 트리에 감독은 이 작품에서도 카메라를 흔든다. 도그마영화의 '핸드헬드' 기법을 그대로 사용한다. 그러나 뮤지컬 장면에선 카메라를 흔들지 않는다. '핸드헬드'의 비디오 카메라에 찍힌 셀마의 암울한 현실은 화면의 거친 입자처럼 강렬한 사실감을 준다. 그러나 뮤지컬 장면은 화려한 색상으로 정돈된다.

이같은 뮤지컬 장면은 셀마가 환상으로 빠져들 때마다 나타나는데, 그 환상은 셀마의 출구이다. 현실이 각박할수록 셀마의 환상은 눈부시게 피어난다. 그녀가 싱크대 공장에서 프레스 작업을 할 때, 살인 직후, 재판을 받을 때, 그리고 사형대로 발걸음을 옮겨가는 그 참혹한 순간들이 춤과 노래로 피어난다.

이처럼 이 작품은 기존의 뮤지컬 영화와 달리 '화려한 배경'이 아닌, '참혹한 절망'속에서 피어나는 춤과 노래를 담아냈다. 그것이 오히려 관객들에게 가슴 뭉클한 감동으로 다가온다. 현실과 환상(뮤지컬), 빛과 어둠의 대비는 '슬픔의 깊이'와 '삶의 기쁨'을 극대화시켜 보여준다. 지난해 칸의 관객들은 눈물 젖은 얼굴로 감동의 기립박수를 아끼지 않았다.

위의 글을 읽어본 결과는 어떠한가? 글의 주제를 한 문장으로 요약하면 글의 제목이 되고, 글의 주된 독자층을 짚어보면 글이 실린 매체를 알아낼 수 있다.[2]

2_ 〈예문1〉은 '글을 잘 쓸 수 있는 비결'이라는 제목으로 잡지에 발표한 필자의 에세이다. 〈예문2〉는 '〈칸〉 수상작 〈어둠 속의 댄서〉 개봉'이라는 제목으로 《문화일보》 2001년 2월 15일자 19면(문화면)에 보도한 필자의 기사이다. 〈예문1〉은 대학생을 대상으로 한 글이고, 〈예문2〉는 일반적인 신문 독자를 위한 글이다. 글을 쓰는 목적이 다르고, 대상이 다르고, 형식이 다름을 알 수 있다. 두 글 모두 인쇄 매체에 실렸다는 점에선 미디어 글이라고 할 수 있으나 〈예문2〉는 객관적 사실을 일정한 틀에 맞추어 작성했고, 〈예문1〉은 글의 서술 방식이 자유롭고 주관적 판단과 주장을 내세웠다. 따라서, 〈예문2〉는 신문 기사, 즉 미디어 글쓰기이고, 〈예문1〉는 개인적인 에세이이다. 필자가 굳이 〈예문1〉을 예시한 이유는 미디어 글쓰기 역시 일반적인 글쓰기를 바탕으로 한다는 판단에 따른 것이다.

2

미디어 글쓰기의 필요성

이른바, '영상 시대' '대중문화 시대' 'IT 시대'이다. 이를 통칭하여 '디지털 시대'라고도 한다. 이젠 정말 컴퓨터를 비롯해 휴대폰이 없으면 단 하루도 살아가지 못할 지경에 이르렀다. 개인 통신기기를 통해 이메일이나 문자 메시지 그리고 동영상을 실시간으로 주고받는다. 인터넷의 화젯거리는 단연 연예계 뉴스이다. 특정 영화나 가요, 텔레비전 드라마나 코미디 프로그램에 관한 정보를 알아야만 옆 사람과 소통을 할 수 있다. 게다가, 문자 텍스트보다는 영상 이미지로 정보를 공유하고 저장하는 첨단 기술 문명 시대다.

이러한 시대의 미디어 글쓰기, 그 필요성을 살피기에 앞서 일반적인 글쓰기의 효용성을 먼저 짚어 보자. 필자는 종종 '교양 글쓰기' 수강생들로부터 "아직도 글쓰기가 필요합니까?"라는 질문을 받곤 한다. 첨단 영상 시대인데, 왜 글쓰기를 익혀야 하느냐는 뜻이다. 이럴 때,

나는 "최근 들어 각 기업들이 영어 실력 보다 글쓰기 능력을 평가하여 신입 사원을 뽑는 추세"라고 말한다. 그러면, 학생들이 자못 흥미롭다는 듯 눈을 반짝인다. 그리고 "최근 들어 대학마다 글쓰기 교육을 강화하고 있으며, 이름난 대학일수록 글쓰기를 교양필수 과목으로 정해두고 있다"라고 하면 고개를 끄덕거린다. 그러나 아직 의문이 풀리지 않는 표정들이다.

대학에서의 글쓰기 실습은 리포트를 써서 학점을 취득하는 데도 필요하지만, 취업준비용 '자기소개서'나 직장에서의 '보고서' '사업 계획서' '공문' 등을 작성하는 데에도 요긴하다. 성공적 사회생활의 밑천이 되지만, 글쓰기가 진짜 중요한 이유는 따로 있다.

첫째, 의사소통 능력을 키워준다. 말로도 뜻을 전달할 수 있지만 글은 시공간의 제약을 받지 않는다. 게다가, 기록성을 지닌다. 뿐만 아니라, 정확한 구문을 통해 설득력을 높인다. 정확한 구문은 사고의 체계가 정확하게 갖춰져 있다는 것이다.

둘째, 글쓰기는 사고력을 확장시켜준다. 글쓰기란 글을 쓰는 기술에 그치는 게 아니다. 자신의 사고를 문장으로 새겨 가는 행위이다. 인간은 문장을 통해 체계적이고 분석적인 사고를 하게 된다. 말(대화)은 상대적이기 때문에 글에 비해 수동적이고 조건반사적이다. 반면, 글은 적극적이고 능동적인 사고를 요한다. 평소 말솜씨는 좋은데, 글을 읽어보면 그 내용이 빈약하고 횡설수설일 경우가 많다. 사고를 문장화시키지 못하면, 사실상 그 사안(事案)을 제대로 알지 못하고 있는 것이다.

셋째, 글쓰기는 삶을 풍요롭게 해준다. 글쓰기는 자기표현 욕구를 충족시켜줄 뿐만 아니라 자기 수행의 도구가 된다. 자신의 고통을 호소할 데가 없을 때, 글을 한번 써보자. 자신도 모르게 삶에 대한 통찰력이 생긴다. 문제 해결 과정으로서의 글쓰기가 이뤄진 것이다. 가슴이 답답할 때, 글을 쓰고 나면 속이 후련해진다. 카타르시스와 더불어 자기 수련이 행해진 것이다.

이와 같은 글쓰기의 효용성은 미디어 글쓰기에도 적용된다. 게다가, 미디어 글쓰기는 그 중요성이 갈수록 부각되고 있다. 이른바 '기술혁명 시대'인데 이 무슨 아이러니일까? 그동안 사회의 젊은 인력들이 기술문명의 테크놀로지 쪽으로 몰려 글쓰기 능력을 가진 인재가 줄어든 탓도 있겠지만, 그 어떤 콘텐츠도 내용 없이 존재할 수 없기 때문이다. 스토리 없는 이야기가 성립될 수 없듯이, '팩트(fact)' 없는 정보는 존립할 수 없다. 가령, 시각적·청각적 이미지로 관객을 사로잡는 공연물이나 영상물이라 할지라도 그 내부를 들여다보면 굵직한 서사(敍事)가 깔려 있다. 미디어 글쓰기는 바로 이러한 서사의 '팩트(fact)'를 가공하는 힘이 되고, 원천이 된다.

다매체 다채널 시대를 맞아 개인 통신기기에서의 글쓰기도 늘고 있다. 1인 미디어의 일상적이고 생활적인 글쓰기도 넓게 보면 미디어 글쓰기에 포함된다. 따라서, 직업적이고 전문적인 영역이 아니라 할지라도 미디어 글쓰기는 그 필요성이 증대될 것으로 보인다. 우리는 뉴스의 홍수 속에 살고 있으면서, 동시에 미디어의 홍수 속에 살고 있다고 해도 과언은 아닐 터이다. 이러한 미디어 글쓰기는 다른 실용적 글쓰기의 기초가 된다. 가볍게는 자기소개서를 비롯해 리포트나 기획안을 예로 들 수 있다. 전문적으로는 전기문(傳記文)이나 다큐멘터리, 스토리텔링도 미디어 글쓰기를 바탕으로 하고 있는 것이다.

3

미디어 글쓰기의 원칙

미디어 글쓰기의 확고 부동한 원칙은 정해져 있지 않다. 각 문화권과 시대, 매체별 특성에 따라 글의 내용이 달라지기 때문이다. 사건이나 사고의 객관적 사실을 요구하는 경우도 있고, 사실 이면의 진실을 알고 싶어 하는 경우도 있다. 객관적 사실을 있는 그대로 전달할 때 이를 '보도'라고 하고, 사실의 이면을 파헤치면서 논조를 개입시킬 때 '언론'이라고 한다. 이 장에선 객관적 사실 보도로서의 글쓰기, 그 특징과 원칙을 알아보기로 한다. 일반적으로 통용되는 미디어 글쓰기의 기본원칙은 '3C'이다. 정확성(correctness)과 명료성(conciseness), 그리고 간결성(clearness)이 그것이다.

(1) 정확성

　미디어 글쓰기의 가장 중요한 목적은 특정 사실을 독자나 시청자에게 전달하는 것이다. 따라서, 취재를 통해 수집한 객관적 사실들을 정확하게 전달해야 한다. 대중적 미디어의 보도기사는 사건이나 사고, 정보를 '육하원칙(六何原則)'에 의거해 기술한다. 즉, '누가(Who), 무엇을(What), 언제(When), 어디서(Where), 왜(Why), 어떻게(How)'의 '5W1H'는 사실의 구체성을 담아내는 기본적인 틀이다. 그리고 구체성을 증명하는 도구이다. 신문 기사만큼 무미건조한 글은 없을 것이다. 기자의 감정적 물기를 빼낸, 드라이하기 그지없는 문장들이다. 사실의 객관성을 확보하기 위해서다. 해설기사나 칼럼기사에는 기자의 주관적 견해가 개입된다. 그러나 이러한 글도 사실의 정확성을 바탕으로 해서 작성된다. 사실의 정확성은 용어 선택에서부터 문장 표현에 이르기까지 기사 전체를 아우르는 말이다. 미국의 작가 마크 트웨인은 "거의 정확한 낱말과 정확한 낱말의 차이점은 번갯불과 반딧불만큼 엄청나게 차이가 난다"라고 말했다. 기사의 정확성은 기사의 존립 근거가 된다.[3]

3_　미국의 퓰리처상을 탄생시킨 언론인 조지프 퓰리처는 '옐로우 저널리즘(황색 저널리즘)'을 탄생시킨 인물이기도 하다. 그가 경영하던 뉴욕의 신문 《선(sun)》에 달 관측기를 연재해 선풍적 인기를 끌었는데, 대형망원경으로 관찰해보니 생명체가 있더라는 기사를 실었다. 이 기사는 "이들은 키가 4피트 정도이며, 얼굴을 제외하고는 짧고 구리색 광택이 나는 머리카락으로 덮쳐 있었으며, 얇은 막으로 된 날개를 가지고 있었다"는 엉터리 작문(作文)이었다. 그러면서도 퓰리처는 《뉴욕 월드》 편집국 벽을 '정확, 정확, 정확!(Accuracy, Accuracy,

(2) 명료성

미디어 글의 명료성이란 문장 표현에 관련된 사항이다. 여러 가지로 해석될 수 있는 표현을 삼가고 한 가지 의미만을 전달해야 한다는 뜻이다. 미디어 글은 문학적인 글이 아니다. 표현이 애매하거니 중의적인 의미를 부여해선 안 된다. 미디어 글은 읽거나 듣는 즉시 의미 파악이 이루어져야 한다. 의미 파악이 어려운 현학적인 표현을 피해야 한다. 미디어 글은 불특정 다수를 대상으로 하고 있다. 따라서, 대상의 눈높이에 맞추어서 글을 써야 한다. 국내 신문은 고등학교 졸업 정도의 학력을 가진 독자를 기준으로 삼아 기사를 쓰도록 하고 있다. 일본 신문은 중학교 졸업에 인생 경험 십 년 정도의 평범한 시민을 기준으로 삼는다고 한다. 그렇다면, 종합일간지가 아닌 전문지, 케이블 텔레비전이나 잡지 기사의 기준은 어떠할까? 일간지나 공중파 텔레비전에 비해 전문적 내용을 싣지만 문장 자체는 명확해야 한다.

(3) 간결성

단순한 것이 아름답다는 말이 있다. 미디어 문장은 간결해야 한다. 가급적 구어체를 구사하며, 호흡이 자연스런 단문(短文)으로 쓰는 게 좋다. 중문이나 복문은 의미의 흐름을 복합적으로 만들어 핵심을 흐

Accuracy!)'이라고 쓴 카드로 도배했다.

리게 한다. 미디어 문장은 불필요한 상상력을 자극하거나 미묘한 뉘앙스를 던져선 안 된다. 과장된 수식어나 접속사를 줄이면, 문장의 의미는 물론 사실의 긴장도를 높여준다. 이런 맥락에서, 선임 기자들은 올챙이 기자들의 기사를 대하면 문장 전체를 읽지도 않고 형용사나 부사를 눈에 띄는 데로 지워 버린다. 명사와 동사, 문장의 뼈대만 남는다. 불만스럽지만 고쳐진 기사를 읽어보면, 문장의 의미가 아주 쉽고 명확하게 흘러감을 깨닫게 된다. 방송 매체의 문장은 더 짧아야 한다. 라디오 뉴스는 한 아이템에 사십 초, 텔레비전 뉴스는 한 건당 일 분 십 초 안에 끝내야 하기 때문이다.

미국의 저널리스트인 로버트 M. 나이트(Robert M. Knight)는 그의 『저널리즘 글쓰기』를 통해 기사는 'KISS를 따라야 한다'고 말했다. 그러니까. 'Keep It Simple, Stupid'를 지켜야 한다는 것이다. 그는 문장을 단순하게 쓰기(Simple)가 가장 어렵다고 했다. 이때의 'simple'은 '꾸밈이나 장식, 돋보이는 것이 없는'이란 뜻이다. '극단적으로 단순화한'을 의미하는 'simplisitic'과는 차이가 있다. 그는 가장 훌륭한 미디어 문장은 주제를 독자들에게 이해하기 쉽게 전달하는 것이라고 말했다. 사실, '이해하기 쉽게 전달하는' 게 가장 어렵다. 글쓰기가 서툰 기자의 문장일수록 거칠고 이해하기 어렵다. 반면, 노련한 기자의 문장은 읽기 쉽지만 뒤통수를 때린다. 기자들은 이를 '임팩트(impact)'라고 한다. 데스크(담당 부장, 팀장)가 "이거 뭐 임팩트가 없잖아"라고 하면, 맹물 기사란 뜻이다.

이처럼, 미디어 글쓰기는 기자의 학식이나 멋진 표현, 전문적 견해를 피력하는 글이 아니다. 미디어 글은 어디까지나 미디어 수용자를 위한 실용문이다. 그럼, 다음 예문들의 '3C'를 점검해보고, 문장을 올바르게 고쳐보자.

위의 글을 미디어 글이라고 가정해보면, 사실의 정확성과 표현의 명료성, 문장의 간결성을 제대로 갖추지 못했음을 알 수 있다.[4] 〈예문1〉은 '신학기를 맞은 대학가의 표정'을 주제로 한 기사이다. 제목을 뒷받침하는 내용이 담겨져 있지 않고, 육하원칙이 지켜지지 않았다. 시간과 장소는 물론 인물이 구체적으로 나타나 있지 않다. 문장도 수필처럼 감상적이고 장황하다. 〈예문2〉는 '가야산 산불 이후 일 년'이란 주제로 쓴 '탐방기사'이다. 주제에 부합되는 글이다. 그러나 문장이 길고 불필요한 수식어가 많다. 육하원칙은 비교적 잘 지켜졌다.

4_ 이 예문들은 필자의 '미디어 글쓰기' 강좌 수강생들이 쓴 실습기사의 일부이다. 초보적인 단계니까 글의 전체적인 구성은 일단 젖혀두고 부분적인 표현도 어색하기 그지없다. 앞으로 이러한 실습기사의 구성과 문맥, 기술 방식을 점검하여 '기사다운 기사'가 어떻게 만들어지는가를 살펴보기로 하자.

Ⅱ

뉴스 보도의 원칙

1

뉴스의 정의

미디어 글은 뉴스를 실어 나르는 메신저이다. 뉴스는 기사(記事, an account, description, a statement)의 생명이다. 그렇다면, 뉴스란 무엇인가? 트위터의 팔로우도 뉴스가 있어야 따라붙는다. 뉴스는 명확하게 정의를 내리기 어렵다. 시대에 따라 그 개념과 범위가 달라지기 때문이다.

먼저, 뉴스라는 용어부터 살펴보자. 영어의 'News'는 14세기 중세 영어에 처음으로 등장한 낱말이다. 일반적으로 'New'의 복수 형태라고 인식되고 있는데, 'New things(새로운 것들)'와 'New tidings(새 소식)'의 첫 단어인 'New'에다 끝머리의 's'를 결합시킨 용어라고 한다. 또 '북(North) 동(East) 서(West) 남(South)'의 첫 글자에서 따왔다고도 한다. 그러니까, '온 사방 세상의 새로운 것들'이란 의미가 되겠다. 이들 개념은 어디까지나 단어를 통해 유추해본 결과일 뿐, 뉴스의 본질을 짚어

내는 정의는 아니다.

뉴스란 대체적으로 '독자들의 관심을 끄는 새로운 일과 진기한 사건' '매스컴에 보도된 사회적으로 중대한 사건이나 흥미롭고 새로운 정보'라고 말해지고 있다. 여기엔 두 가지의 핵심적 요소가 개입되어 있다. 즉, 뉴스 수용자와 매스컴을 축으로 해서 생성된다는 것이다. 그러니까, 아무리 새롭고 흥미롭고 중대한 사건이라고 할지라도 매스컴에 보도되어 독자에게 전달되어야만 뉴스가 성립된다는 것이다. 고의적으로 은폐되거나 사장(死藏)되는 뉴스도 무수하게 많을 것이다. 이런 관점에서 보면, 뉴스는 발생되는 게 아니라 발견되는 것이며 또한 발굴되는 것이다. 이러한 뉴스의 다양한 정의를 아래에서 살펴보자.

- 개가 사람을 물면 뉴스가 되지 않지만 사람이 개를 물면 뉴스가 된다. (Alfred Northcliffe)
- 뉴스란 독자에게 흥미가 있는 것이거나 중요한 사건에 대한 시의적이고 정확한 보도를 말하는 것이다. (Philip Ault)
- 뉴스란 비일상적(unusual)이거나 예기치 못한 것(unexpected)이다. 평온한 것(placidity)은 뉴스가 아니다. (David Brinkley)
- 뉴스란 신문이 게재하는 것이다. (Gerald Johnson & Helen O. Mahim)
- 뉴스란 신문기자가 만드는 것이다. (Walter Gieber)
- 뉴스란 사건의 본질적 뼈대를 재구성하려는 시도이다. (Wilbur schamm)

- 뉴스란 무엇이든 어제는 몰랐던 일이다. (Turner catledge)

- 최선의 뉴스는 최대 다수의 독자들에게 최대 수준의 흥미
  와 중요성을 지닌 것이다. (Willard G. Bleyer)

이 정의들을 얼핏 보면 대동소이하지만 그 시각이 조금씩 다르다.[5] 뉴스의 어느 한 측면을 집중적으로 부각한 정의들이다. 이를 종합적으로 요약해보면, 첫째 중요하고 흥미로운 사실이 있어야 하고, 둘째 이를 취재하여 기사를 쓰는 기자가 있어야 하고, 셋째 그 기사를 보도하는 매체가 있어야 하고, 넷째 기사를 수용하는 독자나 시청자가 있어야만 한다는 것이다. 뉴스가 성립되는 네 가지 조건인 셈이다. 그러니까, 뉴스란 '발생된 사건' 자체가 아니라, 기자나 미디어에 의해 재구성된다는 것이다. 뉴스는 사실의 재구성이다. 뉴스에는 사회 구성원의 집단 무의식과 일상적 감정 그리고 가치관이 담겨 있다.

5_ 위는 언론인이나 언론학자가 말하는 '뉴스의 정의'이다. 이런 공식화된 정의 이외에 속설처럼 재미있는 뉴스의 정의도 많다. 이를 소개하면 다음과 같다.
-정상이 아닌 것은 모두 뉴스다.
-십계명을 어긴 것은 모두 뉴스다.
-뉴스는 신부가 '어머나……!' 하는 신선한 놀라움이다.
-뉴스는 기자를 뛰게 하는 것이며, 그것이 기자의 가슴까지 뛰게 하면 더 좋은 뉴스다.
-뉴스는 직접 경험하지 않은 사람이 말하는 사건의 설명이다.
-신문에 나기를 원하면 그것은 선전이요, 내지 말아 달라고 하면 그것이 뉴스다.
-좋은 쪽보다는 나쁜 쪽의 뉴스에 독자는 더 흥미를 가진다. 그러나 퓰리처상은 좋은 뉴스 쪽에 비중을 두고 시상한다.
-뉴스란 독자들의 흥미와 관심을 찾아가는 곳에서 발견하는 오아시스 같은 것이다.

뉴스는 인간의 가장 기본적인 충동을 충족시킨다. 인간은 자신이 직접 경험하지 못하는 곳에서 일어나는 것을 알려고 하는 본질적인 욕구를 지니고 있기 때문이다. 그 사실을 알게 되면, 자기 자신에 대한 안정감과 통제력, 그리고 확신감이 생긴다는 것이다. 이와 관련된 함축적인 표현이 있다. 미국의 역사학자 미첼 스티븐스(Mitchell Stephens)는 그의 저서 『뉴스의 역사』를 통해 뉴스에의 욕구를 "인식에 대한 인간의 굶주림"이라고 불렀다.

뉴스의 역사는 인류의 역사와 그 맥을 같이 한다. 세상이 있는 곳에 뉴스가 있기 때문이다. 원시시대 동굴벽화는 새로운 사냥터나 사냥감에 대한 정보이자 기록이다. 기원전 4세기 때 그리스의 웅변가·정치가인 데모스테네스는 아테네의 시민들이 서로의 뉴스를 교환하면서 이야기를 짜 맞추는데 열중하는 모습을 묘사한 바 있다. 몽골 사람들의 인사말은 "별일 없습니까?"이다. 이때의 '별일'이란 '새로운 소식'이나 '특별한 사건'을 의미한다.

역사가들은 뉴스의 본질은 시대가 흘러도 변하지 않는다고 지적한다. 미첼 스티븐스 역시 "인류는 어느 역사, 어느 문화에서나 줄곧 비슷한 뉴스를 교환해왔다"라고 말한 바 있다. 하지만 사회 환경에 따라 '각광받는 뉴스'는 바뀌기 마련이다. 또한 미디어 환경의 변화로 인해 뉴스는 더욱 다양화되고 세분화되었으며, 지역화의 길을 걷게 되었다. 게다가, 인터넷과 트위터의 확산으로 '소시민의 뉴스' '개인의 뉴스'도 그 영향력을 과시하게 되었다.

현대인은 뉴스의 홍수 속에 살면서 뉴스 가뭄에 헐떡거리고 있다.

뉴스는 또 다른 뉴스를 요구하기 때문이다. 뉴스가 인간을 만들고, 조지 오웰의 장편소설 『1984』의 '빅브라더'처럼, 뉴스가 인간을 감시하고 통제한다고 해도 과언이 아닐 정도다. 그럼 여기서, 오늘 하루의 일과를 떠올리며, 다음 문항의 빈칸을 채워보자.[6]

〈문항 1〉 오늘 내가 접한 뉴스 중 가장 흥미로운 뉴스를 요약하라.

(보도 매체에서 직접 접촉한 뉴스가 아니어도 무방함)

〈문항 2〉 이 뉴스가 가장 흥미로웠던 이유를 요약하라.

〈문항 3〉 이 뉴스가 위의 '뉴스의 정의' 중 어디에 가장 가깝다고 생각하는가?

6_   이 질문은 그날의 특정 신문이나 방송 뉴스를 제시하고, 문항에 답하도록 해도 무방하다.

위의 답변들을 통해 다음 사항을 확인할 수 있다. 첫째 개인의 성향에 따라 수용하는 뉴스가 달라진다는 것이다. 둘째, 개별적으로 선택한 뉴스를 통해 '뉴스의 정의'를 점검해볼 수 있었다. 이른 바, 뉴스의 중심 골격을 파악해 내는 셈이다.

2

뉴스 가치 평가 기준

"야, 이걸 기사라고 써 왔어?"

일선 기자들이 흔히 듣는 말이다. 심한 경우엔 담당 데스크로부터 "집에 가서 애나 봐!"라는 말까지 듣는다. 얼굴이 화끈거리고 식은땀이 흐른다. 때로는 자리를 박차고 편집국 밖으로 뛰쳐나가 버리고 싶다.

주변의 크고 작은 뉴스 중 어떤 뉴스가 '뉴스다운 뉴스'인가? 세상의 모든 현상 뒤엔 뉴스가 있지만, 이를 모두 보도할 수는 없다. 어떤 뉴스가 매스컴에 보도될 만큼 중요한 뉴스인가? 뉴스에도 등급이 있고 값이 있다는 얘기인데, 그 잣대를 뉴스 가치(news values) 평가 기준이라고 한다.

그렇다면, '팔리는 뉴스'와 '팔리지 않는 뉴스'란 어떻게 구별되는 것일까? 그 판단은 종합적으로 이루어진다. 뉴스도 상품이다. 뉴스 공급자에겐 특히 그러하다. 이 상품의 공정 과정을 살펴보면, 맨 먼저 취재기자가 '기삿거리'를 물고 와야 한다. 이어서 담당 데스크가 그 가치를 판단해야 한다. 논쟁적인 핫이슈나, 사안이 민감한 뉴스는 편집국장이나 보도국장이 게재 여부를 결정한다. 이러한 과정을 게이트키핑(gate-keeping)이라고 한다. 뉴스를 차단하거나 통과시키는 '문지기'란 뜻이다. 여기엔 매체의 특성과 편집 라인의 판단, 그리고 사내외의 여러 요인이 작용한다. 이러한 복합적인 과정을 거쳐야 비로소 '살아남는 뉴스'가 된다.

자신이 취재해 온 뉴스를 밀어 넣기 위한 기자들의 경쟁은 치열하다. 보도 지면이나 뉴스 방송 시간이 거의 일정하게 정해져 있기 때문이다. 뉴스가 폭주해도 대형 사건이 아닌 경우엔 신문·방송사들이 평소의 관행을 바꾸지 않는다. 뉴스가 넘쳐서 광고를 빼는 일은 거의 없다. 광고가 신문·방송사의 주 수입원이기 때문이다. 신문의 경우, 전체 수입 중 광고가 팔십 퍼센트, 구독료가 이십 퍼센트를 차지하는 것으로 집계되고 있다. 사정이 이렇다 보니, 광고를 먼저 채우고 나머지 면에 기사를 싣는 형국이다.

결국, 뉴스는 뉴스끼리 경쟁을 벌어야 하고, 그 가치를 평가받아야 한다. 사회 각 분야에서 일어나는 사건은 동일하다. 그러나 이에 대한 평가는 다양하다. 신문을 펼쳐 보면 신문마다 머리기사가 다르기 일쑤고, 방송 뉴스를 봐도 마찬가지다. 매체별 이념이나 성향의 차이에서 비롯된 것인데, 이보다 더욱 중요한 항목이 있다. 바로 뉴스 수용자이다. 가령, 일간지라고 할지라도 종합지와 전문지의 뉴스가 상이하기 마련이다. 전국지와 지역 신문 또한 그러하다. 주된 독자층에다 뉴스를 팔아야 하기 때문이다.

뉴스는 취사 선택의 결과이다. 미국의 언론학자인 로버트 M. 나이트는 그의 저서 『저널리즘 글쓰기』를 통해 "일반적으로 뉴스 판단은 충분히 새로운 것이냐, 충분히 재미있느냐, 취재할 만큼 중요한가에 따라 결정된다"라고 정의한 바 있다. 보편적이고 일반적인 뉴스 가치 평가 기준을 제시한 셈인데, 이를 좀 더 세분화해보면 다음과 같다.

(1) 새로운 소식이어야 한다
시의성(timeless)

초침이 움직일 때마다 뉴스의 가치는 떨어진다는 말이 있다. 시의성(時宜性)은 뉴스 가치를 평가하는 가장 기본적인 척도이다. 시의성이란 실제 사건과의 시간적 근접성을 측정하여 뉴스 가치를 측정하는 기준이다. 최근의 사건일수록 시의성은 커지고, 오래된 사건일수록 시의성은 떨어진다. 아무리 좋은 기삿거리라도 시기를 놓쳐 버리면 '죽은 기사'가 되고 만다. 따라서, 기자들은 뉴스거리를 접촉하자마자 노트북을 꺼낸다. 그런데, 노트북을 닫아야 하는 경우가 있다. 정부 기관이나 기업 등에서 '엠바고(embargo)'를 거는 경우다.[7]

---

[7] 엠바고는 국가나 사회의 이익에 크게 위배되는 결과가 예측될 경우, 보도 시점을 일시적으로 유예시키는 행위를 뜻한다. 이 용어는 상선의 입항 금지나 화물체적 금지 등 국가 간 경제 제재 조치를 취할 때 사용했던 말이다. 엠바고는 출입처의 요구나 기자들 사이의 합의로 이뤄진다.

　　기자들은 '따끈따끈한 뉴스'를 위해 사방으로 뛴다. 보도 매체는 기자를, '사냥개'처럼 풀어놓는다. 기자는 뉴스 사냥꾼이다. 텔레비전에서 "방금 들어온 뉴스를 말씀드리겠습니다"란 멘트를 하거나 난데없이 '자막 뉴스'를 띄우는 경우가 있다. 기사의 '시의성'을 강조하기 위해서다. 일간지들이 하루 몇 번씩 기사를 바꿔 끼우는 '판갈이'를 하는 이유는 시의성 때문이다. 인터넷 뉴스가 거의 실시간으로 기사를 갈아 끼우는 것도 이와 같은 이유에서다. 즉, '싱싱한 뉴스' '펄펄 살아서 뛰는 뉴스'를 공급하기 위해서다. CNN이나 YTN 등 24시간 뉴스 채널을 비롯하여 인터넷 뉴스의 등장으로 뉴스의 시의성이 갈수록 중시되고 있다.

　　여기서 짚고 넘어가야 할 점은 최근에 발생한 기사만 가치를 지니는 게 아니라는 것이다. 과거에 보도된 사건이라 할지라도 새로운 사실이 밝혀져 그 사실이 현재 시점에서 중요한 의미를 지니게 되면 훌륭한 뉴스가 된다. 이때의 시의성은 기자가 새로운 사실로 정보를 입수한 시점을 기준점으로 삼는다. 금품 수수 등 비리 사건이 주로 이 케이스에 해당된다. 이를테면, 2012년 이상득 전(前) 국회의원을 구속시킨 '저축은행 비리' 사건을 비롯하여 2011년 '프로축구 승부 조작' 사건이 그것이다. 이 사건은 추가 비리 사건이 드러날 때마다 속보(續報) 형식으로 보도되었다. 다음 예문이 이를 잘 말해주고 있다. 예문을 읽고, 각 예문의 '핵심'을 비교해보자.

예문 1

'승부 조작' 수사, 정규리그로 확대

프로축구 승부 조작 의혹을 수사하고 있는 창원지검이 지난해 러시앤캐시컵 경기 외에 여러 건의 정규리그 경기에서도 승부 조작이 벌어진 혐의를 잡고 수사 대상을 확대 중이다.

창원지검은 28일 상무(지난해 광주상무) 소속 선수 4~5명을 참고인 또는 피의자 신분으로 불러들여 조사했다. 이 가운데는 국가대표 출신의 최성국(28·수원 삼성)도 포함된 것으로 밝혀졌다. 최성국은 28일 프로축구연맹에 자신이 승부 조작에 관여한 사실을 자진신고한 뒤 창원지검에서 조사를 받았다.

프로축구연맹의 한 관계자는 29일 "최성국이 어제 승부 조작에 관여한 사실을 자진신고했다"며 "곧바로 승부 조작 사건을 수사 중인 창원지검으로 가 조사를 받도록 했다"고 밝혔다. 그는 "최성국이 먼저 구속된 김동현(상주상무)이 부탁해 어쩔 수 없이 승부 조작에 관여는 했지만 금품은 받지 않았다고 주장했다"고 말했다.

프로축구연맹에 따르면 최성국은 광주상무 유니폼을 입고 뛸 때인 지난해 6월 2일의 컵대회 광주-성남전(1-1 무승부)과 6월 6일의 정규리그 광주-울산전(울산 2-0승)에서 이뤄진 승부 조작을 사전모의하는 모임에 참석했다는 것이다.(이하 생략)

이화종 기자

《문화일보》 2011년 6월 29일자 10면(사회면)

예문 2

프로축구 승부 조작 의혹 '눈덩이'
가담 의심 선수 20명 선으로 늘어

프로축구 선수매수 및 승부 조작 파문과 관련된 검찰 수사가 전방위로 확대되고 있다. 검찰은 승부 조작에 가담한 혐의로 의심되는 선수를 당초 10명에서 20명 선으로 늘려 잡았고 이에 따라 담당 수사를 하는 검사의 수도 2명에서 3명으로 늘어났다.

승부 조작과 관련된 팀도 대전시티즌과 광주FC에 이어 K리그에서만 제3의 구단이 추가된 것으로 보인다. 광주FC 소속 선수들 일부는 금명 소환될 예정이다. 소환된 선수들의 진술과 프로축구 관계자들의 증언이 계속됨에 따라 사건의 파장은 더욱 커질 것으로 예상된다. 승부 조작과 관련한 행태도 폭력배와 브로커가 낀 선수 매수 및 승부 조작 케이스에서부터 선수끼리의 담합에 의한 승부 조작까지 다양해지는 양상이다.

창원지검 특수부(이성희 부장검사)는 당초 토토식 복권의 거액 배당금을 노려 선수들을 매수해 승부 조작을 벌인 혐의(국민체육진흥법 위반)로 브로커 김 모(28) 씨와 전직 프로축구 선수 출신 또 다른 김 모(27) 씨를 구속했다. 이와 관련한 《문화일보》 단독 보도 이후 검찰은 승부 조작의 대가로 각각 1억 원과 1억2,000만 원을 받은 대전시티즌의 미드필더 박 모(26) 씨와 광주FC의 골키퍼 성 모(31) 씨는 당일 긴급체포해 구속시켰다.(이하 생략)

유민환 기자

《문화일보》 2011년 5월 30일자 4면(종합면)

예문 3

프로축구 선수 매수 파문

연봉 적은 선수에 검은 돈 유혹… 축구계 "올 것이 왔다"

K리그 구단의 축구 선수 2명이 토토식 복권 승부 조작 브로커로부터 각각 1억 원 이상의 거액을 받은 사실이 검찰 수사 결과 확인됐다. 이에 따라 그동안 하위리그도 아닌 K리그 프로축구 선수들이 토토식 복권 등을 통해 범죄에 연루돼 온 것이 사실로 드러났다.

25일 관련 소식을 접한 체육계는 허탈감과 충격에 빠졌다. 일부 축구인은 "올 것이 왔다"는 표정이다. 체육계는 지난해 중순부터 K리그에 토토식 복권이 만연해 있었던 것으로 알려졌다. 승부 조작 브로커 등 조직폭력 세력이 배후에 있어 선수들이 한번 가담하면 쉽사리 빠져 나올 수 없는 구조라는 얘기도 나왔다. 이번에 검찰에 검거된 승부 조작 브로커도 창원지역을 무대로 한 조직폭력의 추종세력인 것으로 드러났다.

실제로 승부 조작 브로커 김 모 씨로부터 1억여 원을 받은 혐의를 받고 있는 모 구단 소속 골키퍼 A선수는 '러시앤캐시컵대회'에서 4경기에 출장해 무려 11점의 실점을 했고 팀은 A 씨가 출전한 경기에서 한 번을 제외한 모든 경기에서 패했다. 또 다른 구단의 미드필더인 B 씨도 이번 컵에서 한 경기에 출장했고 팀은 패배를 기록했다. (이하 생략)

유민환·박정경·이화종 기자

《문화일보》 2011년 5월 25일자 4면(종합면)

위의 예문은 최근 기사부터 이전 기사 순으로 배열되어 있다.[8] 이 사건은 〈예문3〉에 나타나 있듯이, K리그 구단의 축구 선수 두 명이 승부 조작에 가담했다는 데서 출발했다. 이 사건은 체육계는 물론 사회 전반에 충격에 안겨주었고, 〈예문2〉는 승부 조작 혐의자가 스무 명 선으로 늘어나 검찰 수사가 전방위로 확대되고 있다는 '새로운 사실'을 전해준다. 더욱이 〈예문1〉에 이르러선 승부 조작 수사를 정규리그로 확대하고 있다는 뉴스를 볼 수 있다. 이처럼, 한 번 보도된 사건이지만 새로운 사실이 밝혀지면, 뉴스는 다시 생동감을 얻는다. 뉴스로서의 시의성을 지니게 된다.

(2) 파급 효과가 클수록 뉴스 가치가 높아진다
영향성(Impact)

영향성이란 뉴스 파급 범위와 강도를 예측하여 뉴스의 값을 매기는 방식이다. 즉, 특정 뉴스가 얼마나 많은 사람에게, 얼마나 큰 영향을 미칠 것인가를 따져보는 것이다. 이를테면, 2001년에 발생한 '911 테러' 사건은 이십 세기 지구촌 최대의 사건 중의 하나가 되었다. 사건 자체도 충격적이었지만 그 사건이 세계 각국에 몰고 올 정치적·경제적 파장이 엄청날 것으로 예상됐기 때문이다. 따라서, 세계 각국의

8_　이 신문은 2011년 5월 25일부터 2012년 6월 27일까지 '프로축구 승부 조작' 사건을 모두 삼십여 회 보도했다. 그 기사들 가운데 사건의 새로운 사실을 파악하기 쉬운 기사 세 건을 예시로 선별했다.

매스컴들이 연일 '911 테러' 사건을 대대적으로 보도했던 것이다. 2011년 일본 미야코시(市)를 덮친 대형 쓰나미 역시 전 세계 매스컴을 달구었다. 여기엔 지구 환경 변화에 따른 두려움과 원자력에 대한 공포심이 개입되어 있었다.

최근 들어 환경 관련 기사가 갈수록 늘고 있는 것도 뉴스의 영향성을 반영한 것이다. 십여 년 전만해도 미미하게 취급됐던 환경기사가 1면 머리기사가 되는가 하면, 건강·레저기사의 비중도 점점 높아지고 있다. 사회적 관심이 그만큼 뜨거워지고 있다는 증거다. 이를테면, 2008년의 '광우병 파동'과 2011년의 '구제역 사태'도 식생활 건강과 생태 환경 문제가 겹쳐진 사건이었다.

이처럼, 보도 매체는 일반 시민들의 일상생활에 직접적인 영향을 주는 사건을 더 주목한다. 이를테면, '지하철 화재'나 '시내버스 파업' 뉴스를 '항공기 추락' 사고보다 더 크게 보도한다. 여기서 또 하나 짚어야 할 점은, 어떤 사건의 영향을 받는 사람의 수가 적더라도 그 뉴스를 접한 사람이 정책 결정자나 엘리트라면 뉴스의 영향성은 커진다는 것이다.

대형 사건일수록 뉴스 가치가 크지만, 시대적 요청에 의해서 핫뉴스 되는 경우가 있다. 다음 예문을 읽고, 기사의 핵심을 요약하여 서로 비교해보자.

예문 1
대구 수돗물 악취소동
수원지 2곳에 공장폐수 대량 유입

【대구】대구시민의 식수원인 다사등 수원지에 공장폐수가 대량 유입돼 16일 오후부터 17일 자정까지 시내 대부분 가정의 수돗물에서 심한 악취가 풍겨 소동이 빚어졌다. 대구시 상수도 사업본부에 따르면 다사수원지와 강창수원지에 낙동강 상류의 공장폐수가 대량으로 흘러들어 폐수 중 유기물인 페놀이 소독용 약품인 염소와 결합되면서 크로로페놀 성분을 형성,16일 오후 2시경부터 수원지 물에서 메탄가스 냄새와 비슷한 악취가 풍기기 시작했다는 것.

이같은 현상은 17일 자정까지 계속됐는데 이 때문에 다사수원지 등으로부터 수돗물을 공급받는 2백30만 시민 중 90%가 수돗물을 제대로 사용 못해 큰 어려움을 겪었다. 또 이로 인해 시내에서 생수 콜라 등이 불티나게 팔리고 목욕탕에선 손님을 제대로 받지 못했다.

상수도본부는 이같은 악취소동이 빚어지자 염소소독을 중지하고 이산화염소로 소독약품을 긴급 대체해 수원지 물의 악취제거에 나서는 한편 직원들을 비상소집, 시내 4개소의 직경 3백mm짜리 대형배수밸브를 열어 악취를 풍기는 상수도물을 빼냈다. 이 때문에 한때 단수현상까지 빚었다.

페놀은 염소와 결합할 경우 당초보다 2백~3백배나 높은 독한 악취가 발생하는 것으로 접착제 등 각종 수지제조 전자제품 생산공장에서 원료로 사용되고 있다. (이하 생략)

《동아일보》 1991년 3월 18일자 22면(사회면)

예문 2

낙동강 오염주범 두산전자
두산그룹계열 공장장등 6명 영장

페놀폐수 3백25t 원액30t 방류… 사장은 입건만
시민들 "업주가 몰랐을 리가"… 공무원 묵인가능성 커

【대전=정만진 기자】대구 경북과 부산 경남일대에 식수비상을 몰고온 낙동강페놀오염사태는 수질환경보전법을 무시한 대기업체의 폐수무단방류와 유독물질관리 소홀 때문으로 밝혀졌다. 〈3·23면에 관련기사〉

대구지검 백오현 검사는 21일 경북 구미공단내 두산그룹계열인 두산전자(대표 양유석)공장장 이법훈(53), 생산부차장 김병태(41), 생산2과장직대 손흥석(35), 생산2과작업반장 윤종대(33), 고정복(40), 정재헌(34) 씨 등 6명에 대해 수질환경보전법위반혐의로 구속영장을 청구했다.

《동아일보》 1991년 3월 21일자 1면〈종합면〉

예문 3

수돗물 폐수오염 6명 구속
325톤 낙동강 방류

구미 두산전자 공장장등
발암물질 페놀 함유
옥계천은 허용치의 130배
관련공무원 묵인 여부 등 수사

【대구=조세현·박태우 기자】 유독발암성물질인 페놀성분의 폐수를 방류, 대구·부산·창원 등 경남·북 일대 식수원인 낙동강을 오염시켜 최악의 식수오염 사태를 일으킨 사건은 대기업체의 폐수 무단방류 때문인 것으로 밝혀졌다.

대구지검 형사1부 임성재 검사는 21일 경북 구미시 구포동 ㈜두산전자가 지난해 11월1일 이후 3백25t의 페놀이 함유된 폐수를 낙동강에 무단방류한 사실을 밝혀내고 공장장 이법훈(53) 씨, 생산차장 김병태(41) 씨, 생산2과 과장 직무대리 손홍석(35) 씨, 생산2과 작업조장 윤종대(33) 씨 등 6명을 수질오염방지법 위반 혐의로 구속했다.

《경향신문》 1991년 3월 21일자 1면(종합면)

　위의 〈예문1〉은 지방 주재 기자가 '공장 폐수로 인한 수돗물 악취' 소동을 취재해서 보낸 기사다. 그런데, 이 기사가 1990년대 초의 한국 사회를 발칵 뒤집어 놓을 줄은 기자 자신도 몰랐을 것이다. 경찰은 '수돗물 악취'의 원인을 조사하기 시작했고, '페놀 폐수 무단 방류'가 주범이었음을 밝혀냈다. 이에 따라 사건 발생 이틀 뒤, 폐수 원액을 방류한 업체의 공장장 등 여섯 명의 직원에게 영장이 청구됐다는 뉴스가 속보(續報)로 보도됐다. 〈예문2〉가 바로 그것인데, 여기서 주목할 점은 불과 두 문장의 짧은 기사였음에도 불구하고 1면 기사로 취급됐다는 것이다. 〈예문3〉도 1면 기사이다. 〈예문2〉와 〈예문3〉은 '영장 청구냐, 구속이냐'에서 팩트의 차이가 나지만, 요컨대 1면 기사로 보도됐다는 데서 사안의 심각성을 말해준다.[9]

　이 지면은 국내 신문 뉴스 보도 역사상 획기적인 의미를 지닌다. 환경 관련 기사를 최초로 1면에 보도했던 것이다.[10] 가히, 놀랄만한 선

9_　필자는 이 사건이 터질 때, 환경처 출입 기자였다. 기자단 회식을 하는데, 어느 기자가 갑자기 얼굴이 새파랗게 질려서 자리에서 일어섰다. 어느 조간신문 초판의 사회면에 "낙동강 페놀 방류되어 대구시가 발칵 뒤집어졌다"라는 뉴스가 떴다는 것이었다. 사회면 톱기사라고 했다. 기자들은 아연 긴장하기 시작했고, 좌중이 술렁거렸다. 서로를 쳐다보며 '보기 좋게 물 먹었다'는, 곤혹스런 표정을 지었다. 죽을 맛이었다. 다행히, 지방 주재 기자가 써 올린 기사였지만, 회식은 이어질 수 없었다. 사방에서 '삐삐(무선 호출기)' 소리가 울리고, 숨 막히는 취재 경쟁이 시작되었다. 이 사건으로 환경처는 큰 홍역을 치러야 했지만, 환경 감시의 중요성이 그만큼 부각되어 1994년 환경부로 승격되었다. 〈예문2〉와 〈예문3〉에 나타나는 '사실의 차이'는 어느 한쪽의 취재가 잘못된 것으로 오보(誤報)를 낸 것이다.

10_　미국과 일본 등에선 1970년대부터 환경 관련 입법 운동을 전개했고, 도시 공해를 중심으로 환경 문제를 보도했다. 미국에서는 1990년 5월부터 콜로라도주의 《록키 마운틴 뉴스(The

택이었다. 위의 두 신문뿐만 아니라, 다른 신문들도 1면과 사회면 기사로 이 사건을 연일 대대적으로 보도했다. 해설기사와 심층취재 시리즈물에 이어 사설(社說)까지 쏟아져 나왔다. 매스컴은 흥분의 도가니에 빠진 듯 했다. 시민들 사이에서 '대기업이 식수원에다 페놀을 방류했다'라는 비난이 들끓어 올랐고, 이러한 '기업 윤리'가 여론의 도마 위에 올랐다. 이 사태는 '두산 상품 불매 운동'에 이어 '낙동강을 살리자'는 등의 시민 환경운동의 기폭제가 되었다.

이 사건은 2007년의 '태안 기름 유출' 사건에 못지않게 국민들에게 충격을 던져주었다. 일반 시민들도 '페놀'이란 화공약품을 인지하게 되었고, 식수 등 생활 환경 분야에 눈을 뜨기 시작했다. 사실, 이 사건이 이처럼 핫이슈가 된 것은 '그럴 때'가 되었기 때문이다. 1980년대까지의 한국 사회는 경제성장과 개발 논리의 수렁에 빠져 있었다. 그와 동시에 환경오염의 심각성에 대한 집단 무의식도 팽배해지고 있었던 것이다. 도화선은, 이미 타들어 오고 있었던 것이다.

이처럼, 시대적 요청에 의해 핫뉴스가 된 사건은 후폭풍을 남긴다. '낙동강 페놀 오염' 사건은 이후 단순한 공해 문제를 떠나 생태·환경 문제의 어젠다가 되었고, 환경 의식을 일깨우는 촉매제가 되었다. '소 잃고 외양간을 고친다'라고 했던가. 이때부터 수질과 대기, 토양 등 환경 보전 관련 법규가 대폭 강화되었다.

Rocky Mountain News》》가 환경 및 과학 기사를 하루 1면씩 게재한 뒤 타 매체들도 이를 뒤따랐다. 텔레비전의 경우엔 미국 뉴멕시코주의 NBC 네트워트사인 KOBT가 1990년 7월 환경 분야 특별 취재팀을 만들었고, 매일 환경 관련 프로그램을 방영했다.

(3)뉴스 수용자의 주변 뉴스가 관심을 끈다
근접성(proximity)

근접성이란 특정 사건이나 사고, 정보가 시민의 일상생활에 어느 정도 근접해 있는가를 따져보는 항목이다. 사람들은 자신과 직결되거나 가까운 사안일수록 관심을 갖는다. 근접성에는 공간적 근접성과 심리적 근접성이 있다. 예컨대, 서울의 특정 지역에서 발생한 '연쇄살인' 사건은 그 주변 지역 시민들에게 가장 심각한 충격을 주지만, 먼 거리의 사람들에겐 상대적으로 그렇게 큰 충격을 주지 않는다. 마찬가지로 부산이나 광주에서 일어난 사건은 그 지역 시민들의 높은 관심을 받는다. 실제로 스포츠 일간지의 경우, '해태 타이거즈'가 승리했을 때 편집부는 광주 지역으로 내려가는 지방판의 1면 머리기사를 '해태 타이거즈' 경기 기사로 바꿔 끼운다. 신문 판매를 의식해서다. 타 지역 연고팀의 기사를 머리기사로 했을 때보다 신문 가판대의 판매 부수가 부쩍 늘어나기 때문이다. 각 지역 민방들이 지역 소식을 비중 있게 보도하는 것도 공간적 근접성 때문이다.

심리적 근접성이란, 비록 거리는 멀지만 정서적 유대감을 가진 장소에서 일어나는 사건에 대한 관심을 의미한다. 예컨대, 자신의 고향이나 여행지, 종교적 성지(聖地), 그리고 같은 민족의 이민지에서 발생하는 뉴스에 눈길을 준다는 것이다. 미국 뉴욕이나 LA에서 일어난 한인 교포들의 사건이 현지 매스컴보다 한국에서 더 크게 다루어지는 경우가 여기에 속한다.

이러한 근접성은 외신 기사(外信記事)를 통해서도 파악된다. 그럼, 여기서 오늘의 신문(또는 방송 뉴스)을 읽고, 다음 문항의 빈칸을 채워보자.

〈문항 1〉 어느 나라의 뉴스가 가장 많이 보도됐는가? 국가별 순위를 매겨보자.

〈문항 2〉 이들 기사의 공통점을 세 가지로 요약하라.

이러한 분석을 통해 평소 국내 매스컴들의 해외 뉴스 선호도를 알수 있다. 이 또한 뉴스의 근접성에 의한 것인데, 미국이나 중국 그리고 일본의 뉴스는 하루도 빠짐없이 비중 있게 다룬다. 반면, 아프리카나 남미 소식은 소홀하게 취급하고 있음을 알 수 있다. 미국의 뉴스는 심리적 근접성에 해당되고, 중국이나 일본의 뉴스는 공간적 근접성과 심리적 근접성이 복합적으로 작용한 경우다.[11]

---

[11] 신문이나 방송 뉴스를 삼 일 이상 훑어보면, 어느 국가의 뉴스가 가장 많이 보도되는가를 명백하게 알 수 있다. 이와 같은 측정은 특정 국가에서 대형 사건이 터지지 않았을 때 행해야 유의미하다. 이와 같은 국가별 뉴스 보도 양상은 뉴스의 근접성을 객관적으로 파악해보는 실증적인 자료가 된다.

텔레비전 드라마를 예로 들면, 인기 드라마일수록 갈등의 굴곡이 크고 깊다. 역사 드라마의 경우엔 반대 세력의 힘이 크고 강할수록 주인공의 영웅적인 면모가 부각된다. 뉴스의 가치도 이와 마찬가지다. 특정 사건을 둘러싼 이해 당사자들의 갈등이 커질수록 기사 가치가 높아진다. 인간은 대립하고 싸우고 긴장되는 상황에 주의를 집중한다. 평화로운 지역보다는 전쟁, 화해보다는 정쟁, 일상적 회사 생활보다는 격렬한 분규와 시위 현장이 기자들의 생생한 취재 현장이 된다.

그 이유는 뉴스를 접하는 이들의 호기심을 자극하기 때문이다. 그리고 뉴스 수용자는 대립과 갈등의 쟁점을 통해 자기 자신을 되돌아본다. 아직도 기억이 생생한 사건들을 한번 떠올려보자. 2008년의 미국산 수입 쇠고기 반대 촛불 집회, 2011년의 한미 FTA 반대 촛불 집회, 그리고 2010년부터 시작해 2011년까지 이어진 한진중공업 파업 사태. 이 사건들은 모두 한국 사회의 첨예한 갈등을 보여주었다. 부안 핵폐기물 처리장 설치 반대 시위나 제주도 해군기지 건설 반대 시위도 그러하였다. 이들 사건은 이해 당사자뿐만 아니라 사회적 여론의 첨예한 대립을 보여주었다.

여기서 발견되는 또 하나의 특징은, 핵폐기물 처리장 반대나 해군기지 건설 반대 시위 때 나타났듯이, 일반 시민들도 공감할 수 있는 사회적 이슈를 내세운다는 점이다. 위의 두 사건은 생태 환경 문제를 슬로건으로 내세웠다. 사회적 공감의 폭이 확대되고, 그만큼 뉴스로서의 가치가 높아지게 되었다. 이처럼 사회적 갈등에 바탕을 둔 뉴스는 그 논점을 조정하고 해결해 나가는 역할을 하게 된다.

(5) 특이한 소식이 관심을 끈다
희귀성(unusualness)

　인간에겐 '미지의 사실'을 알고자 하는 근원적인 욕구가 있다. 그 욕구를 뉴스를 통해 충족시킨다. '미지의 사실'이 예상을 뛰어넘는 희귀성을 지닐수록 거기에 대한 관심이 커진다. 따라서, 아무리 중대한 사안이라 할지라도 매일 반복되는 일은 뉴스가 되지 못한다. 주위에서 일어날 확률이 적은 사건일수록 뉴스의 가치가 높아진다. 로버트 M. 나이트(Robert M. Knight)는 그의 저서 『저널리즘 글쓰기』를 통해 "복권 당첨 기사는 그리 큰 뉴스가 아니다. 만약 수백만 달러짜리 복권에 연이어 당첨되었다면 정말 놀랄 만한 뉴스가 될 것"이라고 말했다. 만약 복권에 당첨된 사람이 특이한 인물이라면, 기사로의 가치는 더 높아진다. 국내서도 한때 로또복권 당첨자에 관한 이야기가 뉴스에 오르내린 적이 있다. 그러나 요즘엔 눈에 띄지 않는다. 희귀성의 시효가 지나 버린 것이다. 뉴스는 끊임없이 새로운 것이어야 하고, 끊임없이 진화해간다.
　요즘도 해외토픽이 인기를 끌고 있다. 여기엔 날마다 새로운 희귀성이 담기고 있다. '머리 둘 달린 거북이'와 '샴쌍둥이' 기사는 아직도 뇌리에 생생하다. 그로테스크하고 부정적인 이야기가 뉴스가 되는 것도 바로 이 희귀성 때문이다.

뉴스의 정의 중 '개가 사람을 물면 뉴스가 되지 못하지만, 사람이 개를 물면 뉴스가 된다!(If a dog bites a man, that's not news. But if a man bites a dog, that's news!)'는 말은 '사건의 희귀성'을 말해주는 것이다.[12] 이러한 희귀성은 뉴스 수용자의 흥미를 자극할 뿐 아니라 일상적 통념의 '사각지대(死角地帶)'를 드러낸다. 그리고 자신의 삶에 대한 안정감과 통제력을 제공하고, 미래의 삶에 대한 경각심을 일깨워준다. '사건의 희귀성'은 '사건의 근접성'과 상반되는 뉴스 가치 평가 기준이다.

(6) 저명 인사일수록 뉴스 가치는 커진다
저명성(prominence)

한동안 뜸했던가 싶더니, 인기 연예인이나 스포츠 스타의 결혼 또는 이혼 소식이 뉴스에 오르내린다. 누군가가 누구랑 사귄다느니, 아기를 낳았다느니, 몸무게를 얼마나 줄였다느니 하는 시시콜콜한 사생활까지 보도된다.

저명성이란 뉴스의 대상이 되는 인물이 유명할수록 보도 가치가 커진다는 뉴스 평가 기준이다. 일반인이 행한 언행이라면 뉴스가 되

12_ 1896년 영국에서 《데일리 메일》을 창간해 신문의 대중화를 이끈 알프레드 노스클리프 (Alfred Northcliffe)의 이 말은 사건의 희귀성에 대한 정의이자, 뉴스의 상대적 가치를 말해주는 고전적 정의이다.

지 않지만 사회적으로 유명한 인물이라면 그 이름값만큼 뉴스의 값이 올라간다. 대중적인 스타가 아니지만, 대통령을 비롯해 대기업의 회장, 유력 정치인 등 '파워맨(또는 우먼)'의 언행도 뉴스의 초점이 된다. 그 이유는 그 지위만큼 사회적 영향력이 크기 때문이다.

이러한 저명성에는 인적 저명성과 물적 저명성도 있다. 물적 저명성이란 널리 알려진 진귀품이나 역사적 유물을 의미한다. 2009년 파리의 피카소미술관에서 백사십억 원 상당의 피카소 스케치북이 도난당했다. 2010년엔 고흐의 그림 〈꽃병과 꽃(양귀비 꽃)〉이 이집트박물관에서 도난당했다. 이 사건은 일반 시민과는 무관한 일이었지만, 물적 저명성으로 인하여 지구촌의 흥미로운 뉴스거리가 되었다.

(7) 인간적 관심을 유발시켜야 한다
흥미성(interest)

먼저, 다음 예문을 읽고 그 감상을 세 가지로 요약해보자.

예문

칠레 광부 33인 69일만에 빛
"나는 神과 악마와 함께 있었다"

구리 광산에서 그들은 '기적'을 캤다.

지하 700m 칠흑 같은 절망의 갱도에 갇혀 사투했던 칠레 광부 33명이 매몰 69일 만인 13일(현지시간) 마침내 세상 빛을 만났다.

세계의 이목이 쏠린 가운데 전날 밤 11시 20분쯤 사고 현장인 칠레 북부 코피아포 산호세 광산에서 공식 구조작전에 들어간 칠레 당국은 약 1시간 만인 13일 0시 11분(한국시간 13일 낮 12시 11분) 첫 구조 대상자인 플로렌시오 아발로스(31)를 구출하는 데 성공했다. 지하 대피용 갱도에 대기 중이던 아발로스는 구조요원이 타고 내려간 구조 캡슐 '피닉스'를 타고 무사히 지상으로 올라왔다. 69일간 죽음의 공포와 맞서온 광부들이 캡슐로 지상에 오르기까지는 단 17분이 걸렸다.

최초의 구출이 성공한 순간 사고 광산 앞 '희망캠프'는 환희의 도가니였다. 광부들의 무사귀환을 숨죽이며 기다리던 가족들과 시민들은 아발로스가 건강한 모습을 드러내자 "비바! 칠레"(칠레 만세)를 외치며 일제히 박수를 터뜨렸다.

CNN, BBC 등 전 세계에 주요 뉴스로 생중계된 구조과정에서 광부들은 70일 가까운 매몰 생활이 믿기지 않을 정도로 건강한 모습이었다. 캡슐에서 나온 아발로스는 가족과 구조대원을 힘차게 포옹한 뒤 기다리고 있던 세바스티안 피녜라 대통령을 껴안았다. 다섯 번째로 구출된 최연소 광부인 히미산체스(19)는 상기된 얼굴로 "나는 신(神)과 악마와 함께 있었다. 가장 힘들 때는 2개월 된 딸이 있다는 사실에 감사했다."고 감격했다.(이하생략)

황수정 기자

《서울신문》 2010년 10월 14일자 1면(종합면)

이 기사는 외신 기사를 종합하여 칠레 광부 구출 현장을 재구성하고 있다. 기사를 읽으면 저절로 가슴이 뭉클해진다. 그러니까, '69일간 죽음의 공포와 맞서온 광부들'이었기에, 이보다 더 감동적인 휴먼드라마를 찾기 어려울 정도다. 게다가 '광부 33명'이 전원 구조됐으니, 이보다 더 생생하고 극적인 휴먼스토리가 어디 있으랴. 따라서 이 사건은 CNN과 BBC 등의 생중계 전파를 타고 지구촌 곳곳에 배달되었다. 칠레에서 일어난 사건·사고였지만 국내 매스컴 또한 현장 상황을 연일 보도했고, 급기야 위의 신문의 경우 1면 뉴스로 올리게 된 것이다.

그 이유는 이 사건·사고에 내장된 휴머니즘적 요소 때문이다. 그러니까, 뉴스로서의 근접성이나 영향성, 저명성은 없지만 흥미성이 있기 때문이다. 흥미성이란 뉴스가 지니고 있는 휴머니즘적인 요소를 말한다. 이러한 흥미성은 위의 〈예문〉에서처럼 대형 사건·사고에서도 발견되는가 하면, 일상의 가볍고 말랑말랑한 소재도 흥미로운 뉴스거리가 된다. 이른바 '미담(美談) 기사'가 대표적인데, 이러한 '화제성 이야기'는 삭막한 현실을 정화시켜주는 역할을 한다. 신체적 장애를 극복한 성공 스토리, 노점상 할머니의 장학금 희사 소식, 소녀 가장의 명문대 입학 사연 등이 여기에 해당된다. 사회의 부정·부패를 밝혀내거나 충격적인 사건·사고를 담아내야만 뉴스가 되는 건 아닌 셈이다.

스포츠나 성(性)에 관련된 뉴스도 인간적 흥미를 불러일으키는 기삿거리다. 이를테면, 생활체육에 대한 뉴스나 성생활에 관한 정보들이 여기에 해당된다. 각 신문들이 섹션으로 묶어서 내는 건강·레저 기사도 마찬가지인데, 가독성이 높다. 독자들의 공통된 관심사를 담고 있기 때문이다.[13] 이러한 흥미성은 누구나 공감할 수 있는 긍정적인 이야기를 담는 게 특징이다.

위의 항목들이 뉴스 가치 척도의 절대적 기준이 되는 건 아니다. 기자나 매체의 성향에 따라 그 기준이 달라질 수 있다. 가장 일반적이고 보편적인 기준이기에 이를 살펴보았던 것인데, 모든 뉴스는 이러한 항목들 중 몇 가지를 동시에 갖고 있다. 이를테면, 위의 예문의 '칠레 광부 구출' 뉴스는 '희귀성'과 '시의성'도 갖고 있다.[14] 그럼, 여기서 오늘의 신문(또는 방송 뉴스)을 읽고, 다음 문항에 답하도록 해보자.[15]

---

[13] 언론학자인 워싱턴대학교의 매튜 라일 스펜서(Matthew Lyle Spencer)교수는 "뉴스란 바로 얼마 전에 일어났던 사건이나 밝혀진 지식, 또는 견해로서 공동사회 대부분의 사람들에게 관심거리가 되고 영향을 미치는 것으로서 그들이 이해할 수 있는 일들을 말한다"라고 했다. 여기에서 '공동사회 대부분의 사람들에게 관심거리'란 말이 바로 이러한 '흥미성'을 의미한다.

[14] 이 사건을 다룬 국내외 매스컴 대부분이 광부들의 고통스런 현실이나 사회구조적인 문제를 담는 데는 소홀했고, 불의의 재난과 휴먼 스토리에 초점을 맞춰 선정적인 보도로 흘렀다는 비판도 제기되었다.

<문항1> 어떤 기사가 가장 인상적인가? 그 제목을 옮겨 적어보자.

<문항2> 이 기사를 뉴스 가치 평가 기준에 의거해서 평가해보자.

<문항3> 가장 두드러진 항목부터 열거해보자.

위는 필자의 '미디어 글쓰기' 실습생들이 직접 작성한 '기사 평가표'이다. 이러한 실습은 삼일 또는 일주일간 신문(또는 방송)에 보도된 뉴스를 대상으로 해도 무방하다. 또, 이 질문을 위의 도표에서처럼 '가장 잘 썼다고 생각하는 기사'로 바꿔서 문항에 답하도록 해도 무방하다.

3

뉴스 보도의 원칙

뉴스의 가치도 시대에 따라 변한다. 최근 들어 더욱 늘고 있는 건강·환경·레저 기사가 이를 입증하고 있다. 이는 뉴스 수용자의 의식 변화에 따른 것인데, 여기엔 매체별 성향이나 미디어 환경의 변화도 개입되어 있다. 게다가, 매체 대표나 광고주의 영향력도 작용한다. 뉴스는 일차적으로 기자의 취사선택에 의한 것이지만, 일단 보도키로 한 뉴스는 보도 원칙을 지켜야 한다. 한국의 신문윤리강령 제4조 보도와 평론에 따르면 "사실의 전모를 정확하게, 객관적으로, 공정하게 보도할 것을 다짐한다"라고 말하고 있다.

이때의 보도란 뉴스거리를 쓰고, 선택하고, 편집하는 과정을 의미한다. 일반적이고 보편적인 뉴스 가치 평가 기준이 있는 것처럼 뉴스보도에도 기본 원칙이 있다. 이 항목들을 구체적으로 살펴보자.

(1)정확성(accuracy)

　정확성은 뉴스의 생명이다. 뉴스의 내용에서부터 기사의 문장까지 정확해야 한다는 것이다. 뉴스를 가장 정확하게 담아내는 틀이 있다. 바로 '육하원칙'이다. 육하원칙은 뉴스의 공신력을 얻기 위한 장치이다. 기자는 육하원칙에 의거해 사실(fact)을 뉴스화하지만 유의해야 할 사안이 있다. 이 사실이 과연 진실(truth)이냐는 것이다. 이게 무슨 말인가?

　기자는 뉴스를 직접 취재하는 게 원칙이지만 그게 불가능할 경우 제삼자를 통해 정보를 얻게 된다. 사건·사고의 경우, 증인이나 목격자 그리고 사건 당사자의 주변 인물을 접촉하게 된다. 이때, 부정확한 사실이나 왜곡된 정보를 얻을 수가 있다는 것이다. 뉴스의 팩트가 의심스러우면, 기자는 진실이 확인될 때까지 뉴스 보도를 미뤄야 한다. 기자들은 '단독 보도'나 '특종(特種)거리가 잡히면, 자신도 모르게 흥분하게 된다. 판단력이 흐려진다. 다른 매체 기자들이 냄새를 맡을까 봐 일단 기사를 밀어 넣고 본다. 오보(誤報)는 기자 개인의 '단발성 불명예'에 그치는 게 아니라 매체의 공신력을 하루아침에 무너뜨리고 만다. 보도로 인한 피해가 그리 크지 않을 땐 '정정기사'를 내게 되지만, 사안이 중대하면 담당 기자와 보도 매체가 출판물에 의한 명예훼손 혐의로 법정에 서게 된다.

(2)객관성(objectivity)

뉴스 보도의 객관성이란 기자가 자신의 주관적 견해를 배제하고 사실을 '있는 그대로' 전달하려는 태도를 말한다. 기자에게도 편견이나 선입견이 있다. 그러나 뉴스거리를 대할 땐 객관적 거리를 유지해야 한다. 특히 찬반이 엇갈리는 이슈거리일 경우, 중립적 자세가 요구된다. 뉴스는 뉴스 수용자에 의해 완성된다. 그리고 판단된다. 기자는 메신저이다. 객관적 사실을 객관적으로 전달하는 리포터이다. 기자 개인의 견해를 표명하는 기자 칼럼이나 논설은 이 객관성이 유보된다. 그러나, 이런 글의 재료가 되는 사실은 객관적으로 기술되어야 한다. 이런 맥락에서 기자는 인사이더이면서 동시에 아웃사이더이다.

이러한 객관성은 신문의 대중화 시대가 열리면서 그 중요성이 부각되기 시작했다. 19세기 중반이었다. 그 이전의 신문들은 어떠했던 것일까? 최초의 신문은 필사본(筆寫本) 형태의 관보(官報)였다.[16] 그 이후엔 특정 집단의 정보지가 신문의 역할을 맡았다. 대중적 일간지가 생

16_ 뉴스의 집합체인 신문은 고대 로마에서 시작되었다. 기원후 59년 로마공화국 시대의 《아크타 디우르나(Acta Diurna)》는 국정의 행정 지침을 알리기 위한 '관보(官報)'였고, 필사본(筆寫本)으로 전파됐다. 동양에서도 중국의 한나라·당나라 때 중앙과 지방의 군신 사이의 의사 소통 수단인 《저보(邸報)》가 신문 형태로 존속되었다. 근대신문은 15세기에 발명된 인쇄술의 보급과 함께 이루어졌으며, 15세기 말 독일에서 부정기 인쇄 신문인 《플루크블라트(Flugblat)》가 발행됐다. 세계 최초의 일간신문은 1660년 독일의 라이프치히에서 창간된 《라이프치거 자이퉁(Leipziger Zeitung)》인 것으로 알려져 있다. 우리나라에선 조선 시대 때 필사본 형태의 관보인 《조보(朝報)》가 있었고, 최초의 근대 신문은 1883년에 발행된 《한성순보(漢城旬報)》를 꼽고 있다.

겨나고 뉴스 통신사가 등장함에 따라 이러한 사실 보도의 객관성을 논의하기 시작했다. 그 이유는 독자들을 만족시키기 위해서였다. 객관적 보도가 아니고선 각양각색의 불특정 다수, 독자를 만족시킬 수 없었던 것이다. 그러니까, 뉴스 보도의 객관성은 보도 매체의 생존 전략이었고, 요즘도 마찬가지다.

(3)공정성(fairness)

공정성이란 한마디로 편파 보도를 해선 안 된다는 얘기다. 다시 말해, 뉴스를 과장하거나 왜곡하지 않는 '정론직필(正論直筆)'을 해야 된다는 것이다. 뉴스의 부분만을 강조하거나 한쪽 주장만을 담는 보도는 사실을 호도하는 결과를 가져온다.

운동 경기로 비유하자면, 속임수를 쓰지 않는 '페어플레이'를 의미한다. 사실 전달에 있어서도 그러하지만, 특히 찬반이 엇갈리는 사안일 경우엔 균형 감각이 절대적으로 필요하다. 기자가 어느 한쪽의 의견을 취재했을 경우, 반드시 다른 쪽의 반론을 기사에 반영해야 한다. 사회적 핫이슈를 두고 찬반 토론을 붙일 땐 쌍방에게 동일한 분량의 지면(방송에선 토론자 수와 발언 시간)을 제공해야 한다. 이는 뉴스 수용자를 위한 서비스이자 기자가 스스로를 보호하기 위한 '안전장치'이다.

흔히 기자를 인쇄 매체에서 유래된 명칭인 '프레스(press)'라고 부르지만, '리포터(reporter)'라고도 한다. 프레스에는 저널리즘이라는 개념이 개입되어 있고, 리포터는 사실 전달 위주의 메신저란 의미가 강하다. 최근 들어 '언론'이란 말보다 '보도'란 말이 더 많이 사용되고 있다. 뉴스 보도의 원칙에 충실하자는 의미일 것이다.

III

취재의 노하우

취재의 정의

보도기사는 문학작품과 달리 개인 창작품이 아니다. 즉, 뉴스거리가 되는 취재 대상이 있어야 하고, 이를 취재하는 기자가 있어야 하고, 기사를 내보내는 매체가 필요하다는 것이다. 그 첫걸음이 취재(news gathering)이다. 취재란 기자가 대중매체에 기사를 싣기 위해 뉴스거리를 수집하고 검증하고 판단하는 활동이다. 기사 쓰기의 재료를 모으는 과정인데, 기사 쓰기의 가장 초보적이고 근본적인 밑바탕이 된다. 된장국 한 그릇을 끓이더라도 식재료가 갖춰져야 하듯, 취재가 제대로 되어야 충실한 기사를 쓸 수 있고, 기사 쓰기가 쉬워지고, 뉴스 수용자의 호응을 얻을 수 있다.

국내 보도 매체들은 대체로 뉴스가 발생하는 국가기관이나 기업, 사회단체 등에 기자를 고정 배치하는 취재망을 구성해 그물에 걸리는 물고기를 잡아내듯 뉴스를 건져 낸다. 그런가 하면 개인적인 취재원(取材源, news source)을 통해 기삿거리를 제공 받기도 한다.

이러한 취재의 ABC란 무엇일까? 여기엔 교과서가 없다. 사건마다 접근법이 다르기 때문에 취재란 언제나 막막하다. 백지 상태에서 출발한다. 그러나 절망할 필요는 없다. 오랜 시행착오를 거쳐서 추출해 낸 '취재의 노하우'가 있기 때문이다.

2

취재의 종류

기자는 특정 사건이나 사고, 정보를 접하면 뉴스로서의 가치를 판단해야 한다. 판단이 쉽지 않을 경우엔 동료 기자나 선배 기자, 데스크와 의견을 나누도록 한다. 특정 사안을 일단 취재하고 나서 뉴스로서의 가치를 판단하는 경우도 있다. 기삿거리라고 판단되면 기자는 맨 먼저 취재 계획을 세워야 한다. 취재 일정을 포함해 취재할 기사에 대한 구상을 한다. 첫째, 기사에 담아야 할 주제를 설정하고 둘째, 기사의 유형을 택하며 셋째, 기사의 중요도를 측정한다. 이에 따라 취재 방식이 결정된다.

취재는 크게 직접 취재와 간접 취재로 나누어진다. 직접 취재란 말 그대로 현장 취재를 의미하고, 간접 취재란 출입처나 각 단체에서 제공하는 보도 자료나 인터넷의 정보, 신문사나 도서관의 문헌 자료를 뒤적여서 취재하는 행위를 말한다.

모든 취재는 직접 취재를 원칙으로 하고 있지만, 간접 취재도 엄연한 취재 활동이다. 국내의 언론 매체 역시 두 가지 방법을 함께 쓰고 있다. 이를 다시 주제별 취재(subject approach)과 지역별 취재(geographical approach)로 구분해볼 수 있다. 주제별 취재 방법은 정치·경제·사회·문화·과학·스포츠·레저·외신 등 전문 분야별 뉴스를 수집하는 경우다. 신문사 편집국(방송국은 보도국)의 각 부서도 이와 같은 전문 분야별로 구성되어 있다. 지역별 취재는 지자체나 경찰서를 중심으로 기자가 특정 지역을 맡아서 거기서 발생하는 사건들을 취합하는 방식이다. 주로 사회부에서 담당한다.

뉴스는 국내에서만 발생되는 게 아니다. 따라서, 언론 매체들이 해외 특파원을 세계 곳곳에 상주시키고 있다. 그게 여의치 않을 경우, 'AP' '로이터(reuters)' 'AFP' 등 해외 통신(news agency) 기사를 그대로 받아서 싣는다. 이때는 통신사 이름을 기사의 맨 앞이나 끝에 밝혀야 한다. 주로 국제부(또는 외신부)에서 담당한다. 국제부 기자들은 세계 곳곳의 특파원 기사나 통신 기사를 바탕으로 해설기사를 쓰기도 한다.

그럼, 이와 같은 분야별 취재의 종류와 방법을 알아보자.

(1) 현장 취재

기자는 현장을 직접 보고 듣고 느끼고 만지고 냄새를 맡아야 한다. 이런 직접적인 신체 활동을 통해 뉴스를 발견하고 수집하는 행위를 현장 취재라고 한다. 취재의 기본이며 핵심이다. 현장 취재는 사건·사고 기사는 물론 화젯거리 기사를 캐낼 때도 필요하다. 모든 취재는 현장 취재를 원칙으로 한다. 그 이유를 비유로 말하자면, 경찰이 초동수사에 해당된다. 초동수사에 실패하면 사건 현장이 훼손되고 증거가 인멸되어 사건이 미궁으로 빠져든다. 사건의 중심인 범인도 도주해 버린다.

취재 현장에 서면, 기자는 사실의 발견을 최우선시해야 한다. 백문이 불여일견이라는 말이 있듯, 직접 보고 말하는 것을 당해 낼 재간이 없다. 관찰의 핵심은 '이상 징후'이다. 흔히 '기사를 냄새 맡는다'고 한다. 기삿거리에 대한 동물적인 감각을 의미하는 말이다. 기자는 신체의 다섯 가지 감각을 뛰어넘는 '육감(六感)', 즉 순간적인 느낌이나 판단으로 움직일 때가 많다. 동일한 현장에 있었지만 기사를 써내는 기자가 있는가 하면, 낙종(落種)을 해서 '물을 먹는' 기자도 있다. 뉴스 감각의 차이에서 비롯된 것이다. 그런 감각이 뛰어난 기자도 있지만, 뉴스 감각은 오랜 훈련에 의해 체득된다.

사회부 기자들은 사건·사고가 터지면 차라리 속이 편하다고 한다. 취재 현장이 주어지기 때문이다. 뉴스거리를 찾아서 밤새 '사스마와리'[17]를 돌지 않아도 되기 때문이다. 취재 현장에 서면, 기자는 사실

---

[17] 기자는 견습 기자나 초년병 시절 대부분 사회부에 배속되어 경찰 출입 기자를 하게 된다. 이때 "사스마와리 다녀와" "사스마와리해보니 어때?"라는 이상한 말을 듣게 된다. '사스마와리'는 '사쓰(경찰)'와 '마와리(돌아다니다, 순찰하다)'의 일본어 합성어로서 경찰 출입 기자가 사건·사고를 체크하고 기삿거리를 찾기 위해 관내 경찰서나 지구대, 병원 등을 차례대로 순회함을 의미한다.

의 구체성을 확보해야 한다. 그 방법은 육하원칙에 따라 취재를 행하는 것이다. 즉, '5W1H'에 사실을 대입시켜서 누락된 사실을 찾아내고 보충해야 한다. 그럼, 여기서 다음 예문을 읽고, '5W1H' 중 누락된 부분을 찾아보자.[18]

예문

과거의 녹음(綠陰)을 되찾아가는 가야산

가야산 산불 이후 일 년, 가야산이 서서히 녹음을 되찾고 있다. 5월 29일 찾아간 충청남도 서산시 해미면에 위치한 가야산은, 작년 3월 18일에 일어난 화재로 인해 생기를 잃었었다. 화재의 원인은 등산객이 버린 불씨였고 당시, 강한 바람으로 인해 불길을 잡기 어려웠다. 황락리 야산 전체로 번진 산불은 4.5ha를 태웠으며, 헬기 한 대가 추락해 한 명의 사상자를 냈다. 산불에 탄 곳은 타다만 나무와 검은 재들뿐이었다.

등산로 아라메길을 따라 오르면 아직 거뭇거뭇한 산불의 흔적이 남아 있다. 그 이후에 따로 복구 작업은 진행되지 않은 건지, 일 년이 지난 지금도 거뭇한 흙들이 곳곳에서 눈에 띈다. 그럼에도 불구하고 산불 이후 일 년이 지난 지금, 가야산은 다시 녹음을 되찾고 있다. 사람의 손길이 거의 닿지 않았음에도 자연 스스로의 치유 능력으로 서서히 과거의 푸른 녹음을 찾아가고 있다. 사람이 걷는 등산로를 제외한 주변의 잘린 나무 등지에는 잡초들이 자라고

18_ 이 예문은 제1장에서 예시했던, 필자의 '미디어 글쓰기' 실습생의 기사이다. '가야산 산불 이후 일 년'이란 주제로 쓴 르포 형식의 '탐방기사'이다.

　이처럼 현장 취재를 할 때, 각별히 유의해야 할 점은 '5W1H' 중 중
점적으로 취재해야 할 항목이 있다는 것이다. 그 이유는 각 뉴스마다
뉴스를 성립시키는 핵심적 사실이 있기 때문이다. 위의 기사는 산불
로 인해 변해 버린 산림의 모습에 초점을 맞추고 있다. 즉, '5W1H' 중
'Who(산)'과 'What(바뀐 모습)'에 중점을 두고 있다. 따라서, 취재 주제
에 부합되는 기사이다. 그러나 기사문이 산불 당시 상황을 너무 앞세
웠고, 뒷부분에 개인적인 감상을 개입시켜 아직은 미숙한 기사문이
다.

　그런데 보도기사를 살펴보면, 사실상 대부분의 기사가 'Who'와
'What'에 초점이 맞추어져 있다. 그 밖의 요소들은 이를 뒷받침하기
위한 정황들이다. 그럼, 여기서 2012년 7월 11일자 어느 신문의 1면 머
리기사를 한번 살펴보자.

예문

이상득 구속수감

이명박 대통령의 친형인 이상득 전 새누리당 의원이 10일 구속 수감됐다. 헌정 사상 처음으로 현직 대통령의 친형이 구속된 것이다.

서울중앙지법 박병삼 영장전담 판사는 이날 밤 "거액의 불법 정치자금을 수수했다는 주요 범죄 혐의가 소명됐고, 지금까지의 수사 진행 상황과 피의자의 지위 및 정치적 영향력에 비추어 볼 때 증거 인멸의 염려가 있다"며 저축은행 비리 정부합동수사단(단장 최운식 부장검사)이 청구한 사전구속영장을 오후 11시 40분경 발부했다. 이 전 의원은 11일 0시 21분경 서울구치소로 향하면서 '대통령과 국민께 한마디 해 달라'는 기자들의 요구에 "죄송합니다"라는 말만 두 번 반복했고, 대선자금 관련 질문엔 쓴웃음만 지었다. 그는 곧장 서울구치소에 수감됐다. 이 전 의원이 구속됨에 따라 이 전 의원과 공범 혐의로 사전구속영장이 청구된 정두언 의원의 구속 가능성도 높아졌다.

검찰에 따르면 이 전 의원은 국회부의장 재직 때인 2007년 가을 정 의원과 함께 당시 자신의 집무실이던 국회부의장실에서 임석 솔로몬저축은행 회장을 만났다. 사전에 정 의원을 통해 "삼억 원을 주겠다"는 의사를 전한 임 회장이 돈을 준비해 왔다고 하자 이 전 의원은 정 의원에게 돈을 받아오라고 지시했고 정 의원은 국회의사당 주차장에서 돈을 받아온 것으로 알려졌다. 두 사람은 돈을 '필요한 곳'에 쓰기로 합의했지만 당시 이명박 한나라당 후보 캠프의 대선자금으로 쓰였는지는 확인되지 않았다. (이하생략)

전지성·최창봉 기자

《동아일보》 2012년 7월 11일자 1면(종합면)

이 뉴스의 핵심은 'Who(이상득)'와 'What(구속)'이다. 여기서의 'When(10일)'과 'Where(서울구치소)' 'Why(범죄혐의에 관한 소명, 증거인멸의 염려)' 'How(정치자금법 위반 및 특정범죄가중처벌법상 알선수재 혐의)'는 'Who'와 'What'의 정황을 구체적으로 입증하는 요소들이다. 그 밖의 '대통령의 친형'은 'Who'의 중요성을 강조하기 위한 요소들이다. 또 '저축은행 비리 정부합동수사단'과 '서울중앙지법'은 'What'의 요건을 충족시키기 위한 요소이며, 기사의 출처를 알려주는 취재원이다.

(2) 의견 취재

보도기사가 특정 사실을 객관적으로 전달하는 것을 목적으로 삼는다면, 해설·논평기사는 이미 보도된 사실이나 이슈에 대한 주관적 평가를 개입시킨다. 그러니까, 뉴스를 평가하는 뉴스가 되는 셈이다. 최근 들어 매스미디어 환경이 실시간 뉴스 체제로 바뀌고 있고, 매스미디어의 일방적 정보 전달이 인터넷이나 개인 통신기기를 통한 쌍방향 정보 교류로 변해가고 있다. 따라서, '일회성 뉴스'를 보다 심층적으로 보도하고 분석하는 해설·논평기사의 비중이 커지고 있다. 이런 기사는 독자의 궁금증을 풀어주는 한편 뉴스를 보다 깊이 있게 바라보고 평가하게 하는 기능을 지닌다.

이와 같은 기사를 취재할 때, 가장 필요한 것이 전문가의 견해이다. 기자는 분야별 전문가의 의견을 구해서 특정 사안의 원인을 비롯해 그 배경과 전망 등을 취재하게 된다. 이때 취재의 원재료가 되는 사건·사고나 정보를 정확하게 파악하고 있어야 한다. 그리고 논지의 방향을 일관되게 잡아야 한다. 이에 따라 전문가를 인터뷰하거나 기존의 보도 사례 등 관련 자료를 수집한다. 도서관의 문헌 자료를 비롯해 인터넷 상의 정보가 그것이다. 최근엔 기자들이 스마트폰을 통해 실시간으로 정보를 제공받는 일도 가능하게 되었다.

이렇게 취재된 기사는 자료의 출처를 명확하게 밝혀야 한다. 특히 전문가의 의견일 땐, 취재원의 성명과 직함을 밝히고 진술 내용을 큰따옴표로 표기하도록 한다. 도서나 유인물일 땐 그 출전과 내용을 작은따옴표로 표기한다. 이는 모두 사실의 객관성과 논지의 타당성을 확보하기 위한 조치이다. 기자의 칼럼과 논설, 사설(社說)도 이를 지켜야 한다. 그럼, 다음 예문을 읽고, 각 예문에 나타나는 의견의 출처를 말해보자.[19]

19_ 예문 (1)은 《문화일보》 2012년 7월 19일자 31면(오피니언-인물면)에 「경제민주화 呪術에 빠진 정치… 企業 비명 안들리나」라는 제목으로 게재된 사설(社說)의 일부이다. 예문 (2)는 《문화일보》 2012년 1월 26일자 31면(오피니언-인물면)에 「選擧用 대기업 때리기 시리즈… 멍드는 건 국가경제」라는 제목으로 게재된 사설의 일부이다. 예문 (3)은 《문화일보》 2012년 7월 19일자 39면(오피니언-인물면)에 「새해 총선-대선과 北 리스크… 국민의 決斷이 격랑 앞에 선 대한민국의 進運을 좌우한다」라는 제목으로 게재된 사설의 일부이다. 예문 (4)는 《문화일보》 1998년 11월 2일자 26면(문화면)에 「노벨문학상 '뒷북치기'」라는 제목으로 게재된 필자의 칼럼이다. 예문 (5)는 《문화일보》 1998년 6월 10일자 18면(기획면)에 「카프 '신건설'사건 판결문 발굴」이라는 제목으로 게재된 필자의 보도기사 중 일부이다.

예문

(1) 수출입은행이 16일 발표한 수출기업 체감지수는 삼 년 만에 최저치를 기록했고, 올 상반기 상장기업의 신규설비 투자는 70.5% 격감했다. 허창수 GS그룹 회장도 18일 그룹 임원 모임에서 "금융과 실물, 선진경제권과 신흥 경제권이 이렇게 동시에 어려웠던 적은 별로 없었다"며 비상한 경각심을 주문했다.

(2) 연초부터 닥친 글로벌 경제 한파(寒波)로 신음하는 기업들에 정작 가장 두려운 상대는 '선거 리스크'다. 문화일보가 국내 100대 기업을 대상으로 조사했더니 56%가 4월 총선 및 12월 대선 등 양대 선거에 따른 정치 리스크를 첫손에 꼽았고, 선거가 미칠 부정적인 영향으로 55%가 대기업 때리기식 정책의 확산을 지목했다. 정치권 포퓰리즘이 최대 악재(惡材)라는 뜻이다.

(3) 해방 후 1948년 5·10 총선에서 보통(普通)·평등·비밀·직접이라는 4대 원칙이 지켜진 민주선거를 획기적으로 도입함으로써, 대한민국은 세계사의 여정(旅程)에서 가장 단기간에 민주화를 성취할 수 있는 제도적 토대를 마련했다. 그러나 "모든 국민은 자신들의 수준에 맞는 정부를 가진다"는 정치역사학자 알렉시스 드 토크빌의 말처럼, 유권자의 올바른 선택으로 한반도의 운명을 개척해 나갈 새로운 정치 지형(地形)을 만들어야 한다.

(4) 주제 사라마구는 최근 몇년간 노벨문학상의 단골후보였다. 그러나 국내 출판사는 팔짱만 끼고 있었다. 이번 노벨문학상이 발표된 이후 가장 바빠

진 사람 중의 한 사람이 부산외국어대 포르투갈어학과 김용재 교수. 그는 몇 년 전부터 사라마구의 소설을 들고 출판사를 찾아다니며 "노벨문학상의 유력한 후보다. 미리 번역, 출간하는 것이 어떻겠느냐"고 제의했지만 출판사들은 "지문과 대사의 구분이 없어 읽기가 어렵다"는 등의 구실로 출간을 회피해왔다는 것. 그 당시는 판권료도 2천~3천 달러 수준이었다.

(5) 일제시대인 1930년대에 무산계급 문학운동을 주창했던 '카프(KAPF· 조선프롤레타리아예술동맹)'조직을 와해시킨 직접적인 계기가 된 이른바 '신건설' 사건의 공판기록이 65년 만에 발굴, 공개됐다. 문학평론가 권영민(서울대 국문과) 교수는 행정자치부 정부기록보존소에서 이 사건 재판의 판결문 전문을 찾아내 사건의 성격, 진행과정 등과 함께 월간《문학사상》6월호에 발표했다. (중략) 권교수는 "카프의 계급문학운동이 일제 식민지에서의 민족적 모순과 봉건적 사회구조의 잔재로 인한 계급 모순을 동시에 타개할 것을 목적으로 삼았음에도 일제 경찰은 일제에 대한 저항문제는 건드리지 않고 마르크스주의적 사상성만을 문제 삼았다"고 말했다.

(3) 인물 인터뷰

미국의 신문학자 맨델(Sigfried Mandel)은 "인터뷰는 기자들의 가장 중요한 취재 방법의 하나로 신문 뉴스의 구십 퍼센트는 인터뷰를 통하여 얻어진다"라고 말한 바 있다. 이때의 인터뷰는 사건 관계자의 간단한 멘트까지 포함하는 개념인데, 인물 자체를 뉴스화하는 '와이드 인터뷰'가 갈수록 늘고 있다. 인터뷰는 기자 개인의 만남이 아니라 독자나 시청자, 그리고 언론 매체를 대신해서 행하는 공적인 대화이다. 인터뷰에는 직접 인터뷰, 전화 인터뷰, 이메일이나 서면 인터뷰가 있다. 여기선 가장 보편적인 인터뷰이자 취재원(取材源)의 말투와 표정, 제스처의 의미까지 살필 수 있는 직접 인터뷰 방식과 요령을 알아보자.

인터뷰는 준비 과정이 기사의 성패를 좌우한다고 할 만큼 대상자에 대한 예비지식과 질문이 절대적으로 필요하다. 우선 주제가 명확해야 한다. 주제에 따른 질문은 가벼운 내용에서부터 핵심적인 내용으로 전개하는 게 효과적이다.

질문 항목을 미리 메모해서 취재 현장에 임하도록 한다. 취재원에게 비치는 첫 인상이 중요하므로 옷차림이나 표정에도 신경을 써야 한다. 취재원과 초면일 땐 자신의 신분을 명확하게 밝혀야 한다. 전화로 인터뷰 약속을 했더라도 현장에 도착하면 취재 목적을 밝혀야 하는데, 여기서 유의할 점은 인사를 나누자마자 녹취 기구를 내놓거나 취재 수첩을 펼치지 말아야 한다는 것이다. 그렇게 하면 갑자기 분위기가 긴장되고 상대방이 입을 닫아 버리기 일쑤다. 날씨나 스포츠 등 부담 없는 화젯거리를 통해 쌍방의 긴장과 어색함을 풀어야 한다. 인터뷰는 취재기자와 취재원의 합작품이다. 본격적인 인터뷰가 시작되면, 다음과 같은 항목을 떠올리며 효과적인 대화를 갖도록 한다.

첫째, 주제에 따라 구체적으로 질문하라. 포괄적이고 애매한 질문은 대화의 초점을 흐리게 한다. 이를테면, "요즘 어떻게 지내세요?"라고 묻기보다는 "오늘 어떻게 지냈나요?" "어제는 어딜 다녀오셨나요?"

"최근에 어떤 영화를 봤나요?"라고 물어야 구체적인 답변이 돌아온다.

둘째, 눈높이에 맞춰서 질문하라. 취재기자는 대화를 이끌어가는 질문자이다. 따라서, 용어 선택은 물론 화법까지 취재원의 연령이나 지위, 학력에 맞춰야 한다. 그래야만 취재원이 친밀감을 느끼게 되고, 쌍방의 소통이 이루어진다. 기자 자신의 입장이나 논지는 접어 두어야 한다. 인터뷰는 토론이 아니다. 취재원의 진술을 통해 기사를 발굴해 내는 대화의 형식이다.

셋째, 한 가지 사안씩 짧게 질문하라. 답변이 용이하거나 가벼운 내용부터 질문을 시작하되, 한 가지 사안씩 조리 있게 끊어서 물어야 한다. 가령, "이 영화에 출연하게 된 과정과 촬영장에서의 에피소드, 그리고 개봉을 앞둔 심정이 어떻습니까?"라고 질문하면, 응답자가 질문의 핵심을 놓치기 쉽고 답변이 장황해진다. 게다가, 답변 내용이 뒤섞여 기사를 쓸 때 곤욕을 치르게 된다. 야구 경기에서 단타(短打)를 노리듯, 짧게 끊어 치는 게 좋다.

넷째, 사실을 확인할 땐 육하원칙을 떠올려라. 사건·사고나 특정 사안에 대한 구체적인 입장을 점검할 때는 육하원칙이 교과서가 된다. 취재원의 답변이 미심쩍거나 작위적이라고 생각될 경우, 육하원칙 중 미심쩍은 항목을 집중적으로 묻도록 한다. 이때, 고압적인 자세로 캐묻듯이 말해선 안 된다. 취재원은 그 자리에서 입을 닫거나 질문의 핵심을 고의적으로 피해 버리게 된다.

다섯째, 사안에 따라서 직진하거나 우회하라. 기사의 내용에 따라 질문의 방식도 달라져야 한다. 취재원의 긍정적인 답변이 예상되거나 기존의 사실을 확인해야 할 땐, 사안의 핵심을 직접적으로 묻는다. 단답형 또는 '폐쇄형 질문'인 셈이다. 이를테면, "지난 일요일 거기(특정 장소)에 갔습니까?" "그 사람(특정 인물)을 만난 적이 있습니까?" 등이 그것이다.

반면, 상대방이 대답하기 거북한 질문을 해야 할 땐 긍정적인 질문을 먼저 던지고 핵심적 질문을 그 뒤에 붙인다. 예를 들면, "이 회사의 어떤 점이 좋습니까?"라고 물어 말문을 열게 한 뒤, "그렇다면, 아쉬운 점은 무엇일까요?"라고 핵심을 덧붙이는 방식을 취한다. 다른 질문을 하다가 지나가는 말투로 본론을 슬쩍 끼워 넣는 방식도 유용하다. 또, 질문과 관련된 주위의 사례를 제시함으로써 요긴한 답변을 얻어 낼 수도 있다. 가령, 동남아인 노동자에게 "이 회사에서 차별 대우를 받고 있습니까?"라고 물으면, 주위의 눈치를 보거나 "아닙니다"라고 답변한다. 이 질문을 (함께 일하는 한국 사람을 지칭하면서) "저 사람과 월급이 비슷합니까? 아니면, 차이가 납니까?"라고 바꿔 물으면 보다 손쉬운 답변을 얻어낼 수 있다.

이와 함께, 답변 내용이 미진하다고 여겨질 때는 보충 질문을 행하고, 의문점이 남아 있을 땐 "아, 참 아까 그거 말입니다"라고 반복 질문을 하도록 한다. 마지막으로 취재원이 자유롭게 말할 수 있는 '보충 답변'이나 '개방형 질문'을 덧붙여도 좋다. 인터뷰 장소를 떠나기 전, 예상되는 보도 일자나 시간(방송 매체일 경우)을 알려주도록 한다. 취재의 예의이자 서비스이며 취재원과의 신뢰감을 쌓아가는 일이다. 인터뷰를 끝낸 뒤 기사 작성 도중 의문점이 생기면, 전화나 이메일로 보충 취재를 하도록 한다.

다음의 예문은 인터뷰 기사이다. 취재의 주제는 '땀 흘려 일하는 사람'이다. 이 기사를 읽고, 취재가 불충분했거나 미흡하다고 생각되는 부분을 지적해보자.[20]

20_ 이 기사는 필자의 '미디어 글쓰기' 강좌 실습생의 인터뷰기사이다. 필자는 충남 서산시의 서산 시외버스 터미널 앞에 실습생들을 집결시킨 뒤, 취재 주제를 제시했다. 인터뷰 인물은 자유롭게 선택하도록 했으며, 취재 시간은 두 시간, 기사 작성 시간은 한 시간, 원고 분량은 800자~900자로 제한했다. 이와 같은 실습은 어느 장소에서나 가능하지만, 취재 주제와 기사 유형을 명확하게 제시해야 한다. 이 기사는 실습생으로선 능숙하게 쓴 기사이지만 뉴스 가치 평가 기준으로 볼 때, 인터뷰 대상 인물을 제대로 선택하지 못한 케이스다. 즉, 뉴스의 시의성과 영향성, 흥미성을 갖추지 못했다. 취재권역 내에는 여러 직종의 인물들이 많았다.

실내 온도와 기온의 차이로 인해 감기에 걸리기 일쑤라는 임 양은, 손님이 없을 때면 수시로 양팔을 문질러 피부에 돋는 소름을 감춘다. 이것도 다 등록금을 벌기 위해서이니 어쩔 수가 없다고 한다. 하루 평균 22,900원을 버는 셈인데 한 달에 이십 일을 일한다고 가정하면 458,000원이다. 그녀가 재학 중인 대학의 등록금은 한 학기당 삼백만 원을 훌쩍 넘는다고. 낭비 없이 꼬박 여덟 달은 부지런히 일해야 등록금을 댈 수 있다고 한다.

세련된 분위기의 매장에서 일할 수 있어서 기뻐했던 것도 잠시, 그녀는 이내 냉방병과 근육통에 시달려야만 했다. 기침을 참아가며 아이스크림을 휘젓느라 가느다란 팔이 퉁퉁 부었고 대낮부터 얼큰하게 취한 '취객 손님'을 상대하며 느끼는 정신적 피로도 만만치 않았다. 급료도 아주 좋은 편은 아닌지라 근무 만족도도 높지 않다고 한숨을 쉬었다.

"이렇게 아이스크림을 계속 저으면 매장이 추운데도 땀은 나더라고요."

씁쓸한 웃음을 지어 보이며 담담하게 인터뷰에 응하는 임 양. 그녀는 학자금 대출과 장학금 제도를 이용하지 않느냐는 질문에 오히려 정색을 하면서 대답했다.

"장학금은 탈 수 있는 사람이 한정되어 있고, 대출은 결국 고스란히 빚으로 돌아오잖아요. 거기에 불평하면 어른들은 그렇게 생각해요. '공부도 못하는 게 불만은 많다'고요. 학교 다니면서도 일을 했었는데, 일하면서 수업까지 하려니 성적이 떨어지죠. 그래서 결국 휴학했어요. 지금은 차라리 맘이 편해요, 일하고 퇴근하면 집에서 자격증 공부도 할 수 있고."

임 양은 아이스크림 통을 휘저으며 다시 한 번 땀을 훔쳤다. 냉방장치가 쉴 새 없이 가동되는 아이스크림 매장. 여름을 시원하게 식혀주는 곳이었지만 구슬땀을 흘리는 이가 있었다.

3

취재 수칙

(1) 문제의식을 가져라

기자는 주변 현상에 대해 항상 촉각을 세우고 있어야 한다. 어떤 현상을 접하면, 먼저 '새로운 사실인가?'를 생각해야 하고, '문제성이 있는가?'를 점검해야 한다. 현상의 이면에 잠복된 '사실'이 의미하는 바가 무엇인지를 고민해야 한다. 이러한 문제의식을 가질 때, 기삿거리가 생겨난다. 출입처나 취재원으로부터 기삿거리가 주어지는 경우에도 마찬가지다.

기자의 문제의식은 뉴스를 찾아내는 도구이자 안목이다. 뿐만 아니라, 사회 현실에 대한 비판적 시각을 바탕으로 잠복된 진실을 캐내는 굴착기이다. 숙련된 기자는 육감적으로 "어, 이거 이상한데"라는 말과 함께 기삿거리를 짚어 낸다. 제2장에서 살펴본 바와 같이 '뉴스 가치 평가 기준'에 대한 감각이 체질화되어 있기 때문이다. 그런데, 뜻밖에도 햇병아리 기자가 특종을 낚아내는 경우가 종종 있다. 관행에 얽매이지 않는 시각, 즉 새롭고 신선한 시야가 있었기 때문이다. 기자는 고정관념과 편견을 버려야 한다. 현상에 대한 호기심과 궁금증이 참신한 팩트를 발굴해 내게 된다.

(2) 발로 뛰고 머리로 판단하라

기사의 생명은 사실의 정확성이다. 현대 신문의 모델을 창출한 미국의 신문인 조지프 퓰리처(Joseph Pulitzer)는 '옐로우 저널리즘(황색 저널리즘)'을 만든 인물이지만, "신문 기사는 첫째도 정확, 둘째도 정확, 셋째도 정확해야 한다"라고 말했다. 정확한 기사를 쓰기 위해서는 사실 확인이 가장 중요하다. 사건 현장에서도 그러하고 인물 취재에서도 마찬가지다. 기사는 정확한 사실을 통해 힘을 얻는다. 뿐만 아니라, 기사의 구체성을 확보한다.

사실의 정확성은 현장에서 나온다. 따라서, 모든 기사는 현장 취재를 원칙으로 한다. 포토저널리즘의 신화적인 존재이자 전설적인 종군 기자인 로버트 카파(Robert Capa)는 "사진이 마음에 들지 않는 것은 가까이 가서 찍지 않았기 때문"이라고 말했다. 이 말이 어찌 사진 취재에만 해당될까? 현장이야말로 무수한 메시지가 담긴 뉴스의 블랙박스이다.

현장 취재를 잘했다고 해서 훌륭한 기사가 되는 것은 아니다. 현재의 사건을 통해 기존의 사건을 파악해야 하고, 당시 사회의식과의 연관성을 짚어 내야 한다. 그래야만 뉴스의 가치를 제대로 측정해 낼 수 있다.

　현장 취재는 기사 쓰기의 시작이다. 미국의 미디어 스튜디오 포인터 연구소(Poynter Institute for Media Studies)의 돈 프라이(Don Fry)는 "기사 쓰기는 책상에 앉기 훨씬 전에 시작해야 한다"고 말했다. 현장 취재가 진행되는 동안 끊임없이 머릿속에서 기사를 쓰고 고치는 작업을 진행한다는 뜻이다. 이때 의문점이 생기면 곧 바로 보충 취재를 해야 한다. 또 현장에서 예상 밖의 사실이 발견되면 즉시 취재 방향을 수정해야 한다. 어떤 기자는 "온종일 들쑤셔서 뒤져 왔는데 쓸 게 없다"고 투덜거린다. 현장 취재 활동과 '머릿속으로 기사 쓰기'가 제대로 이뤄지지 않았기 때문이다. 기자는, 현장으로 달려가는 '뜨거운 심장'과 상황을 판단하는 '차가운 머리'를 동시에 가동시켜야 한다.

　기자는 취재 현장에서 얻어낸 사실을 분석해야 한다. 즉, 사실의 진실성을 측정해야 한다는 것이다. 이십 세기가 시작되면서 언론인들은 사실성(realism)과 현실(reality), 다시 말해 정확성과 진실이 항상 똑같지는 않다는 것을 깨닫기 시작했다. 미국의 언론학자 월터 리프먼은 그의 저서 『여론』을 통해 "뉴스와 진실은 같은 것이 아니다. 뉴스의 기능은 사건을 두드러지게 하는 것"이며 "진실의 기능은 숨어 있는 사실을 규명하는 것, 그 사실들을 서로 연관 짓는 것, 그리고 사람들이 그것에 근거해 행동할 수 있는 현실의 구도를 그리는 것"이라고 말했다. 따라서, 기자는 취재 현장에서의 판단력과 취재 이후의 판단력을 동시에 지녀야 한다는 것이다.

(3) 사이비 정보를 유의하라

기자는 그 누구도 믿어선 아니 된다. 사건이나 정보, 거기에 관련된 인물을 끊임없이 의심하고 분석해야 한다. 특히, 취재원이 제공하는 보도 자료나 취재원이 슬쩍 흘려주는 정보를 그대로 믿어선 아니 된다. 사실 여부를 가려내야 한다. 그 이유는 '정보 조작'이나 '의사 사건(疑似事件, preudo-event)'이 개입될 수 있고, '시험 풍선(trial balloon)'에 걸려들 수 있기 때문이다. '정보 조작'은 말 그대로 날조된 사건을 말하는데, 이를 경계하고 확인하지 않은 결과는 씻을 수 없는 오보(誤報)를 남겨준다.[21]

'의사 사건'이란 미국의 역사학자 다니엘 J. 부어스틴(Daniel J. Boorstin)이 만든 용어인데, 어떤 사건이나 인물을 널리 알릴 목적으로 일부러 꾸며낸 사건을 뜻한다. 기자들은 이런 함정에 빠지기 쉽다. '의사 사건'은 터무니없는 가짜가 아니다. 그러니까, 완전히 날조된 사건이 아니라는 뜻이다. 어느 정도 사실이긴 하지만, 이를 과장하거나 일부분을 왜곡시킨 '사이비 사건'을 말한다. 예컨대, 1968년의 '이승복

21_ 1986년 11월 17일, 《조선일보》는 '金日成 銃 맞아 被殺'이라는 기사를 호외로 발행했다. 동경 외교가를 떠도는 '김일성 암살설'을 '사망'으로 단정했던 것이다. 게다가, 이 기사를 '세계적 특종'이라고 명명했다. 다른 매체들도 이 보도를 뒤따랐으나 《중앙일보》는 '김일성 사망설(死亡說)'로 보도해 오보를 면했다.

어린이' 사건의 경우, 그 어린이가 무장 공비들에 의해 죽었다는 사실은 확인되었다. 문제는 그 어린이가 과연 "나는 공산당이 싫어요"라고 소리쳤느냐이다. '의사 사건'은 관공서의 관급 기사나 홍보성 PR기사에서 흔히 발견된다.

정부 부처 출입처 기자들이 보도 자료를 들고 고개를 갸웃거린다. 그러면서 "이거 애드벌룬 아니야?"라고 말한다. 그러니까, '시험 풍선'이 아니냐는 뜻이다. 청와대는 개각을 앞두고 종종 후보자 이름을 매스컴에 흘린다. 이른바, '하마평(下馬評)'을 듣기 위해서다. 이를테면, '총리 후보 세 명 압축' '외무부 장관에 ○○ 씨 물망' 등의 기사이다. 정부 부처가 찬반이 엇갈리는 정책을 결정할 때에도 '시험 풍선'을 띄운다. 여론의 방향을 측정해보기 위해서다. 여론의 극심한 반대에 부딪히면, 그 사안을 '아니면 말고'라는 식으로 덮어 버린다. 기업들도 신상품을 내놓을 때, 제품에 관한 '시험 풍선'을 띄워 판촉 전략을 세우는 경우가 많다.

이러한 '시험 풍선' 앞에서 기자들은 곤혹스럽다. 뉴스이긴 하지만, 그대로 삼킬 수 없는 '뜨거운 감자'이다. 이럴 땐 정보를 흘려주는 저의를 짚어봐야 하고 공정한 시각을 유지할 수 있도록 해야 한다.

(4) 철저하게 준비하라

즉흥적인 취재란 있을 수 없다. 뉴스거리가 기자의 코앞에서 떨어질 확률이 거의 없기 때문이다. 기자는 끊임없이 탐색하고, 의심하고, 배회해야 한다. 출입처나 취재원을 통해 기사가 될 만한 정보를 듣게 되면, 기자는 취재 준비를 해야 한다. 사건이나 인물에 관한 배경지식을 확보해야 한다. 문화·예술·의학·과학 등 전문 지식이 필요할 경우엔 전문가를 접촉해서 선행 학습을 해야 한다.

요즘도 언론사는 인사 이동을 통해 기자를 수시로 재배치한다. 기자의 소속 부서, 즉 취재 분야가 바뀌게 되는데, 그때마다 기자는 새로운 취재 영역의 전문 지식을 쌓아야 한다. 구체적이고 효과적인 취재를 위해서다. 여기서, 2002년 4월 어느 일간지가 보도한 '소의 구제역이 인간에게도 감염이 된다'는 뉴스를 한번 되짚어보자. 이 충격적인 뉴스는 한국 사회에 엄청난 파장을 몰고 왔다. '사실 여부'에 대한 논란이 일파만파로 번졌고, 일반 소비자는 물론, 보건 당국이 걷잡을 수 없는 혼란에 빠져 들었다. 축산업자들은 정신적 공황 상태를 겪어야 했다. 뒤늦게 오보로 판명이 난, 어처구니없는 보도였다. 이와 같은 보도는 아무런 물증도 없이 일부 전문가의 의견만 수용한 결과이다.

기자는 뉴스거리를 접하면 가슴이 떨리고, 대형 사건일수록 "피가 끓는다"라고 한다. 그는 취재 현장으로 나설 때, 심호흡을 하고 다음 사항들을 챙긴다. 취재거리에 대한 배경지식을 확보하고, 취재 방향에 대한 구상을 한다. 그리고 사진기와 녹취 기구를 챙긴다. 인터뷰기사나 기획기사인 경우엔 더더욱 그러하다. 인터뷰할 인물의 이력을 살살이 조사하고, 인터뷰 주제에 따른 질문을 미리 작성해둔다. 그 인물에 관한 기존의 기사도 읽어둔다. 모든 사건의 배경에 기삿거리가 있듯, 각광받는 인물의 배경에도 기삿거리가 있다. 기자는 사전 준비를 통해 기삿거리의 핵심을 예상해둬야 한다. 이른바, 특종 기자들은 "우연히 특종을 주었다"라고 말한다. 그러나 그 말을 믿어선 아니 된다. 그들의 공통점은 뻔질나게 돌아다닌다는 것이며, 평소에도 취재 준비를 완벽하게 해둔다는 점이다.[22]

(5) 취재원을 확보하고 보호하라

기자가 가장 원하는 것이 무엇일까? 물론 '특종 보도'를 하는 것이다. 하지만, 그게 그리 쉬운가? 그렇다면, 평소에 가장 좋아하는 게 무엇일까? 출입처나 홍보사의 향응, 아니면 답례품일까? 아니다, 정답은 '기삿거리'이다. 그래서 뉴스를 흘려주거나 정보를 제공해주는 사람을 가장 좋아한다. 이러한 취재원(news source)은 기자의 생명줄이자 소중한 자산이다. 기자가 사건을 목격하는 일은 극히 드물다. 따라서,

---

22_   사진기사에도 특종이 있다. 필자가 《문화일보》에 재직했던 1995년 9월, 사진부의 김선규 기자가 경기도 가평에서 가을걷이 타작을 하던 노부부 사진을 찍던 중 미확인비행물체 (UFO)가 가을 하늘을 가로지르는 모습을 촬영했다. 국내 최초로 미확인비행물체를 촬영했던 것이다. 김기자는 이 사진으로 한국기자협회의 '이달의 기자상(1995년 9월)'을 수상했다. 그는 "타작하던 사진을 찍다가 특종을 주웠다"고 했지만, 평소 김선규 기자는 카메라를 세 대씩 둘러메고 사방을 들쑤시고 다니던 '끈질기고 힘 좋은' 기자였다.

기자는 타인의 정보나 보도 자료를 기초로 해서 취재를 시작할 수밖에 없다.

이러한 취재원은 기자의 직분이나 인간관계에 의해 확보된다. 출입처에 의해 자연스럽게 연결되는 취재원이 있는가 하면, 기자의 개인적인 노력을 통해 구축하는 취재원도 있다. 취재원이 많을수록 기자는 '부자'가 된다. 너무나 당연한 말이지만, 기자와 취재원의 지속적인 유대는 신뢰를 바탕으로 존속된다. 기자들은 기사를 써주고 정보를 받는 '거래'에 익숙하다. 거래는 조건이 틀어지거나 '물건'이 없으면 종결되기 마련이다. 여기에 기자의 고충이 있고, 번민이 있고, 눈물이 있고, 절망이 있다.

어떻게든 취재원을 확보하고 존속시켜야 하는 만큼, 기자는 취재원을 보호해야 한다. 이게 무슨 뜻일까? 가령, 정부 기관이나 기업의 내부 비리를 제보한 취재원이 있다고 하자. 기자는 물증을 확보해서 기사를 쓴다. 대형 사건일수록 사회적 여론이 들끓고, 해당 부처나 기업이 발칵 뒤집어진다. 이때부터 기자는 시달리게 된다. 즉, "어디서 들은 정보냐? 누구에게서 들었느냐?"는 전화가 걸려온다. 기자를 찾아와서 은근하게 회유하거나 때로는 협박을 한다. 어떤 경우엔 담당 데스크나 편집국장이 취재원을 묻기도 한다. 이때, 기자는 무조건 함구해야 한다. 취재원과의 신뢰도 신뢰이지만, 두 인격체의 약속이기 때문이다. 기자 초년병 시절부터 귀가 따갑도록 듣는 말, '취재원을 보호하라'는 것이었다. 그걸 어기면 기자의 생명도 끝난다고 하였다.[23]

그럼, 다음 예문의 기사에서 취재원을 가려내보자. 취재원의 신분

(성명, 직위)을 밝히지 않은 경우, 그 이유를 생각해보자.[24]

23_ 취재를 했지만 취재원과의 약속으로 인해 기사를 내보내지 못하는 경우가 있다. 취재원
이 기자에게 '보도하지 말라'는 조건을 내걸고 정보를 제공하는 '오프 더 레코드(off the
record)'가 그것이다. '보도 불가'란 뜻인데, '공표 가능'이란 의미의 '온 더 레코드(on the
record)'의 반대 개념이다. '오프 더 레코드'는 취재원이 기자의 이해를 돕기 위해 특정 사안
을 설명해주긴 하지만, 그 내용이 보도되면 자신의 신상이 불리해질 것으로 예상될 경우
'비공개 취재'를 제의하게 된다. '오프 더 레코드'는 기자와 취재원과의 합의에 의해 성립된다.

24_ 이 기사는《문화일보》특종으로 미국, 영국, 일본 등 세계 주요 매스컴들이 이 뉴스를 인용
보도했고, 세계적 이슈거리가 되어 2009년 8월 미국 여기자들은 석방됐다. 이 기사는 뉴스
의 출처를 '외교 소식통' '정부 고위 관계자' 등으로 표현하여 취재원의 신분을 밝히지 않고
있다. 그 이유는 국가 간의 민감한 외교 문제이기 때문이다. 취재원이 '억류 사실'을 공식적
으로 확인하게 되면, '사태 해결'에 악영향을 끼칠 수 있고, 직무상의 문책을 받을 수 있기
때문이다.

정부 고위 관계자는 이와 관련, "미국 시민과 관련된 일이어서 언급하기 힘들지만 미국 기자가 북측에 억류된 상태라는 것은 우리 정부도 인지하고 있다"고 확인했다.

북·미 양측은 사건 발생 이틀 후인 19일 오전까지도 미국 기자 북한 억류 사건에 대해 공개적인 언급을 피하고 있어 구체적인 사건 발생 개요나 억류 이유 등은 밝혀지지 않고 있다.

북·미 양측이 사건을 공개하지 않은 것은 비공개 협상을 통해 문제를 조용하게 해결하기 위한 시도로도 볼 수 있어 주목된다.

이와 관련, 미국 정부 내부 움직임에 밝은 한 외교 소식통은 "미 국무부가 움직일 것"이라고 밝혀, 뉴욕이나 베이징(北京)의 북·미 채널을 통해 여기자 석방을 위한 물밑 협상이 진행 중임을 시사했다. 북한은 지난 1996년 11월 한국계 미국인 에번 헌지커가 압록강을 넘어 북한으로 밀입북하자 간첩으로 규정, 구속했으나 빌 클린턴 당시 미대통령의 특사로 방북한 빌 리처드슨(현 뉴멕시코 주지사) 당시 미 하원의원과의 협상 끝에 석방한 바 있다.

한편 리처드슨 주지사 측의 한 인사는 19일 《문화일보》와의 전화 통화에서 "리처드슨 주지사에게 미국 여기자 북한 억류 사건을 보고했으며 내일(20일) 국무부에 확인, 대응방향을 논의하겠다고 했다"고 말했다. (이하 생략)

이미숙 기자

《문화일보》 2009년 3월 19일자 1면(종합면)

시의성이 있고 흥미로운 뉴스라고 할지라도 개인의 사생활을 담는 보도는 유의해야 한다. 취재가 합법적인 범위 안에서 이루어졌고, 공익적 가치를 지닌다고 해도 이런 기사엔 함정이 있다. 그 함정은 기자를 법정에 서게 할 수도 있다. 한국 기자들의 맹점 중의 하나는 자신의 기사가 어떤 법적 문제를 야기할지를 정확하게 모른다는 것이다.

사회적 공익을 위한 언론의 자유는 최대한 존중된다. 그러나 언론 자유의 이름으로 개인의 명예나 사생활을 침해하는 행위가 무조건 용납되진 않는다. 이를테면, 유명 방송인의 이혼 배경을 다룬 어느 일간지의 기사는 '사생활 침해'가 되었고(2001년 5월 31일, 서울고등법원 선고), 어느 시사 주간지가 '돈의 노예들: 대학교 학생들'이란 제목 아래 여대생 세 명의 얼굴 사진을 수록한 기사는 '초상권 침해' '명예훼손'이란 판정을 받았다. (1993년 7월 8일, 서울민사지방법원 선고)

따라서, 기자는 아무리 흥미로운 기삿거리가 할지라도 개인의 사생활이 관련되는 경우, 취재에 신중을 기해야 한다. 신문의 대중화와 더불어 독자의 호기심을 자극하는 범죄나 괴기스런 사건, 성적 추문을 과다하게 싣는 '옐로우 저널리즘(황색 저널리즘)[25]이 생겨나게 됐는데, 최근 들어 이에 대한 법률적 규제가 갈수록 강화되고 있다. 텔레비전 방송이 특정 사건의 피의자나 목격자를 보도하면서 성명을 가명으로 표기하고 얼굴을 모자이크 처리하는가 하면 변조시킨 음성을 내보내는 것도 이와 같은 이유에서다.

기자는 사건 당사자의 성명과 나이(때로는 직업이나 주소)를 취재하고 보도하는 게 원칙이다. 보도의 객관성과 정확성, 구체성을 통해 뉴스의 신뢰도를 높이기 위해서이다. 하지만 공인이 아닌 경우, 개인의 성명과 상호를 사용하려면 당사자의 동의를 받아야 한다. 나이나 주소도 마찬가지다.

지난 2004년 서울 강남구와 종로구, 마포구를 무대로 한 연쇄살인 사건의 용의자가 체포됐다. 경찰은 범인의 얼굴에 마스크를 씌우고 현장검증을 실시했다 이에 시민들은 "마스크를 벗겨라"라고 빗발치게 항의했다. 그리고 희대의 살인범인데, 초상권을 보호해야 하느냐는 논란이 계속됐다.

이른바, 연쇄살인이나 상습적인 성폭행 등 중대 범죄의 용의자로 체포되었고 증거를 확보해 재판에 회부된 피의자라 할지라도 인격권과 초상권은 보호되어야 한다. 피의자의 범죄 사실이 재판 전에 언론

25_ 

옐로 키드

신문의 산업화가 시작되던 19세기 말이었다. 1889년, 오늘날 미국 언론인의 표상으로 받들어지고 있는 퓰리처가 운영하는 《뉴욕 월드》 일요일판이 황색 옷을 입은 소년을 그린 만화 「옐로 키드(yellow kid)」를 게재했다. 신문의 간판 상품을 만든 것이다. 이 만화가 큰 인기를 끌자 퓰리처의 라이벌이던 언론 재벌 허스트가 운영하는 《뉴욕 모닝 저널》이 만화 창작자에게 저작료를 주고 만화를 빼내서 싣자 《뉴욕 월드》가 이를 다시 빼내오는 등 치열한 공방전을 벌였다. 이로 인해 '옐로우 저널리즘'이란 말이 생겨나게 되었는데, 언론들이 선정성 경쟁을 벌이는 것을 의미한다. 1930년대 뉴욕 《헤럴드 투리뷴》지의 사회부장 스탠리 워커(Stanley Walker)는 "뉴스의 삼대 소재는 여자(women), 돈(wampum), 범죄(wrongdoing)의 3W"라고 했는데, 이 말에도 '옐로우 저널리즘'이 투영되어 있다.

에 새어 나가면 피의 사실 공표죄로 형사처벌을 받을 수 있다. 따라서, 이때는 피의자의 본명을 밝혀서는 안 된다. 이와 관련된 구체적인 판례를 살펴보자. 어느 신문이 살인 사건 용의자를 보도하면서 가명을 사용하긴 했다. 그러나, '○○시의 회사원' '지방 명문대학 ○○과를 나온 재원' '○○에 있는 고향집에서 긴급 체포'(구체적 지명과 학과명을 표기함)라고 보도해 명예훼손이란 판결을 받았다. (2012년 5월 12일, 서울고등법원 선고) 그 이유는 사건 용의자의 직장과 출신 학과, 고향을 밝힘으로써 주위 사람들이 용의자를 짐작할 수 있도록 했다는 것이다.

주요 공직자나 연예인, 스포츠 스타 등 공인을 보도할 경우에도 인격권과 초상권을 염두에 둬야 한다. 국민의 알 권리를 충족시키는 공익적 목적을 지닐 때만 신상과 얼굴을 노출시킬 수 있다. 텔레비전 방송은 개인의 음성권까지 보호해야 한다. 특정 사건의 증인이나 피해자를 인터뷰한 화면을 내보낼 때, 변조된 목소리를 들려주는 것도 이와 같은 이유에서다.

최근 들어 '보도의 공익성'과 '개인의 인격권'이 충돌되는 사례가 급증하고 있는데, 앞으로 '개인의 인격권'이 더욱 강화될 것으로 보인다.

IV

기사 쓰기의 노하우

1
기사의 구성

기사란 특정 보도 매체에 싣거나 방송하기 위한 원고를 의미한다. 기사는 일회성 실용문이다. 일간지나 방송 기사의 수명은 길어야 하루, 그야말로 단발성으로 끝나는 문장들이다. 요즘엔 방송이나 신문이 수시로 뉴스를 갈아 끼우니까, 불과 몇 시간짜리 기사도 존재하게 되었다. 그러나, 보도 매체를 등에 업은 기사의 위력은 때때로 상상을 초월한다.

이러한 기사는 일반적으로 제목(headline)과 리드(lead), 본문(body)으로 구성되어 있다. 신문과 잡지는 이를 시각적으로 명확하게 구분할 수 있다. 방송 기사에선 이를 쉽게 구분할 수 없다. 하지만 방송 기사를 문장으로 옮겨보면, 방송 기사 역시 이러한 구성 방식을 취하고 있음을 알 수 있다. 방송 뉴스는 기사의 제목을 자막으로 만들어 시청자에게 보여준다.

신문이나 잡지를 펼쳐보면, 기사 상단의 큼지막한 활자를 발견할 수 있다. 대략 열 자 이내로 되어 있는데, 이것이 제목이다. 제목 하단으로 내려가면, 기사 본문 위의 문장들이 눈에 띈다. 기사의 앞머리, 즉 리드이다. 독자는 리드를 통해 기사의 윤곽을 파악하게 된다. 그리고 본문을 읽으며 기사의 구체적이고 세부적인 내용을 인지하게 된다. 그렇다면, 기사의 제목과 리드를 알아보기로 하자.

(1) 제목

기사의 제목은 기사의 간판이며 이름이며 상표이다. 따라서, 기사와 기사를 구별 짓는 역할을 한다. 기자가 출고한 기사는 담당 데스크를 거쳐 편집부로 넘어가는데, 편집부는 기사를 지면에 배열하고 정리하고 포장하게 된다. 기자들이 아무리 흥미롭고 시의성 있는 기사를 출고했다고 할지라도 편집이 제대로 되지 않으면 그 기사는 빛을 잃고 만다. 지면에 실리는 기사의 크기나 위치도 중요하지만 제목이 눈길을 끌어야 가독성이 높아진다. 기사 내용이 다소 부실하더라도 멋진 제목을 뽑아내고 레이아웃을 잘하면 기사가 돋보이게 된다. 그만큼 제목이 중요하다는 뜻인데, 제목은 통상 한 줄 또는 두 줄로 되어 있다. 한 줄짜리 주 제목으로 기사의 핵심을 압축했다면, 주 제목을 보충하기 위한 두 번째 줄의 부제를 달지 않는다.

취재기자도 편집을 알아야 기사를 잘 쓸 수 있다. 출고된 기사는 편집부에 의해 분류되고 평가되고 배열된다. 이런 과정을 파악함으로써 기사를 보는 눈이 생기고, 기사 쓰는 요령을 얻는다. 따라서, 일부 매체는 취재기자를 훈련시킬 때 일정 기간 동안 편집부에서 수습을 밟도록 한다. 기사의 제목 뽑기와 레이아웃을 견습토록 한다. 제목의 기능을 살펴보면 다음과 같다.

첫째, 본문을 읽도록 유도하는 '기사 광고' 역할을 한다.

둘째, 본문 내용을 짐작케 하는 '기사의 핵심적 기둥' 역할을 한다.

셋째, 기사의 등급을 매긴다. 신문을 펼치면 톱(Top)기사와 사이드톱(Side-top)기사가 가장 먼저 눈에 띈다. 그리고 '4단 기사' '3단 기사' '2단 기사'가 적당하게 안배되어 있음을 볼 수 있다. 통상 이십 자 정도의 행장(行長)으로 된 '기사 블록'을 '1단'이라고 하는데, 제목이 크고 길수록 중요한 뉴스라는 걸 지시하고 있다.

넷째, 신문사의 고유의 편집 스타일을 반영하는 '상품 포장' 역할을 한다.

그렇다면, 이러한 기능을 수행하는 제목을 어떻게 달아야 하는가? 제목 달기의 기본 원칙 역시 '3C'에 바탕을 두고 있다. 즉, 정확성(correctness), 간결성(clearness), 명료성(conciseness)이 그것이다. 이를 구체화시키면 다음과 같다.

첫째, 간결하고 쉽게 달아라.

둘째, 사실에 충실하라.

셋째, 본문을 압축하라.

넷째, 명확한 문장으로 표현하라.

다섯째, 한 행을 한 문장으로 표현하라.

여섯째, 명사형의 연속을 피하라.

일곱째, 수동형을 피하고 능동형을 사용하라.

기타, 사투리를 피하고 전문용어나 약어(略語) 사용에 신중하라.

이와 같은 제목 달기 원칙을 염두에 두고 다음 예문의 제목을 달아 보자.[26]

예문

가수 싸이(박재상·35)의 〈강남스타일〉 뮤직비디오가 18일 유튜브 조회 수 2억 건을 넘어섰다.

〈강남스타일〉은 이날 오전 9시 현재 유튜브에서 약 2억640만 건의 조회 수를 기록 중이다. 지난 7월 15일 첫선을 보인 이 뮤직비디오는 공개 52일 만인 이달 4일 유튜브 조회 수 1억 건을, 60일 만인 12일에는 1억5000만 건을 돌파했다.

〈강남스타일〉 뮤직비디오는 미국 아이튠즈의 뮤직비디오 차트에서도 지난 8월 21일 이후 29일째 1위를 달리고 있다. 음원 역시 미국을 비롯한 십여 개 국 아이튠즈 음원 차트(Top Songs Chart)에서 1위를 기록하며 인기 돌풍을 이어가고 있다. 싸이는 이날 트위터에 "2억 뷰 달성!!! 모두에게 감사드립니

---

[26] 이 기사의 제목은 「싸이 '강남스타일' 유튜브 조회 2억 건 돌파」이다. 이와 같은 보도기사는 기사의 첫 문장을 최대한 요약하면 기사의 제목이 된다.

신문 기사의 제목은 편집부에서 다는 것이지만, 취재기자는 기사
를 출고할 때 가제목을 달아서 데스크에게 넘긴다. 데스크가 기사의
핵심을 판단토록 하기 위해서인데, 데스크는 기사의 가제목을 보고
그 내용을 짐작하게 된다. 비록 가제목일지라도 그걸 잘 단 기사일수
록 내용이 충실하다. 기사 전체를 장악하고 압축하는 능력이 담겨져
있기 때문이다.[27]

그런데, 최근 신문이나 잡지 기사 제목을 훑어보면, 퀴즈 형식의 미
완성형 제목을 발견할 수 있다. 이를테면, 「성공한 외국인 거리엔 □
□ 없다」가 그것이다.[28]

27_   이에 따라, 필자는 '미디어 글쓰기' 수강생에게 매번 "제목을 달아서 기사를 제출하라"라고
      하였다. 그 중 어떤 기사는 제목의 내용이 본문에 나타나 있지 않았다. 기사문 제출자에게
      그 이유를 물었더니, "제목에서 이미 말했는데, 본문에서 또 언급해야 하느냐?"는 것이었다.
      여기서 짚고 넘어가야 할 점은 제목과 본문은 별개의 항목이란 것이다. 시나 소설 등 문학
      작품에서의 제목을 떠올려보면, 그 이유가 명확해진다.

28_   이 제목은 《중앙일보》 2002년 7월 11일자 11면(특집면) 머리기사의 제목이다. 이 기사는 국
      내 외국인의 삶의 현장을 심층 취재한 시리즈물로 「외국인 126만명-1부 글로벌 동거시대

독자의 궁금증을 불러 일으키는 제목인데, 그 아래쪽에 「치안에 '너 나' 없고」 「이웃에 '경계' 없고」 「장사에 '국적' 없어」라는 소제목이 배치되어 있다. 앞으론 이처럼 창의적인 제목을 더 많이 창출해내야 할 것으로 보인다.

(2) 리드

기사의 머리글에 해당되는 '리드'는 '서두문' '요약문' '전문(前文)'이라고도 한다. 기사의 요지를 별도로 작성하여 기사 본문 앞에 배치해놓는 형태이다. 1880년 이전의 신문에는 기사의 리드가 없었으나 매체 간의 경쟁이 치열해지면서 독자들의 호기심을 끌기 위해 몇 개의 문장으로 구성되는 리드를 만들어 활용하게 되었다. 리드는 톱(Top)이나 사이드톱(Side-top)기사, 그리고 전면 와이드기사일 때 주로 사용된다. 텔레비전 방송의 경우엔 앵커가 뉴스 보도에 앞서 짤막하게 던지는 '오프닝 멘트'가 여기에 해당된다.

최근엔 별도의 리드를 뽑아내지 않고 기사의 첫 문장을 리드로 삼는 경우가 많아졌다. 이러한 리드는 비유하자면, '열차의 기관차'에 해당된다. 기관차는 열차의 맨 앞에서 수십 대의 객차를 이끄는 역할을 한다. 기관차의 동력이 시원찮으면 열차 전체가 제대로 움직이지 못하는 것처럼, 리드가 잘못되면 기사는 탄력성을 잃고 만다.

〈하〉 공존의 그늘」이란 소제목을 앞세우고 있다.

흔히 리드를 쓰면 기사의 절반을 썼다고 할 만큼 리드가 기사의 승패를 좌우한다. 리드는 제목에 이어 본문을 읽도록 이끌어 준다. 편집자는 리드나 첫 문장을 보고 제목을 뽑는다. 서두를 반복해서 읽어도 제목이 떠오르지 않으면, 편집자는 "기사를 뭐 이 따위로 썼냐?"라고 불만을 토한다. 반면, 서두를 읽고 곧바로 제목이 뽑혀 나오면 "멋진 기사"라고 한다. 리드를 잘 뽑아낸 기사는 본문도 잘 짜여 있다.

그렇다면, 리드를 어떻게 써야 하는 것일까? AP통신사의 저명한 뉴스 편집장인 르네 잭 카폰(Rene Jack Cappon)은 AP통신 기자들을 위해 쓴 『기사 작성법』을 통해 리드 작성의 유의점을 이렇게 말했다. 우선, 기사의 내용을 최대한 단순화시켜서 너무 많은 내용을 담지 말라는 것이다. 첫머리가 복잡하면 독자들이 혼란스러워할 뿐만 아니라 기사에 대한 흥미를 잃게 되기 때문이다. 그는 또 리드를 쓸 때 '강한 인상의 동사를 적절하게 활용하라'고 강조했다. 그리고 '수동형이 아닌 능동형의 문장을 써야 하고, 행동을 정확히 묘사하는 동사를 골라 쓰라'고 충고했다. 이러한 여러 의견들을 감안하여 리드 쓰기의 원칙을 정리해보면 다음과 같다.

　　첫째, 기사의 핵심을 제시해야 한다.
　　둘째, 육하원칙 중 특정 요소를 내세워 기사의 핵심을 강조
　　　　한다.
　　셋째, 세 문장 이내로 간결하고 명료하게 기술해야 한다.
　　넷째, 독자의 호기심과 관심을 끌어야 한다.

다섯째, 한자어·외래어·전문용어·약어를 피하고 일상적 용
어를 사용해야 한다.

여기서 특히 주목해야 것은 두 번째 항목이다. 기사에도 핵심이 있
듯, 리드에도 초점이 있어야 한다. 기사 내용에 따라 인물을 강조해야
할 경우가 있고, 시간이나 장소에 포인트를 둬야 할 경우가 있다. 또
사건의 원인이나 방법을 앞세우기도 한다. 이처럼 기사의 리드는 육
하원칙 중 가장 중요한 요소를 택해서 간결하고 명료하게 기술해야
한다. 그럼, 다음 예문의 기사에서 리드를 가려내서 육하원칙 중 강조
된 요소를 말해보자.

예문
싸이, 美문화 흉내 안내는 '내멋대로' 통했다

유튜브 누적 조회수 1억9,000만 건, NBC 버라이어티쇼 출연, 미국 아이
튠즈 음원 차트 1위 및 세계 18개국 아이튠즈 차트 1위…. 자고 나면 새로운
'기록'들이 계속 생성되고 있다.

'말춤'과 〈강남스타일〉 하나로 전 세계를 열광시키는 가수 싸이(본명 박재
상·35)의 신기록 행진은 한치 앞을 내다볼 수 없을 만큼 가파르게 전개되고
있다. 일회성 이벤트로 비쳐진 싸이의 활약은 급기야 세계적인 아이돌 스타
저스틴 비버의 매니저 스쿠터 브라운과 계약을 맺으며 '장기 생존력'에 대한
높은 기대감을 나타냈다.

한류연구소는 "시간이 갈수록 가속도가 붙는 점을 감안하면 11월 안에 〈강남스타일〉 유튜브 조회수는 총 5억 건에 이를 것으로 예상된다"고 17일 밝혔다. '강남스타일' 1억 건 조회수 달성 기간은 52일로, '1억 건 달성' 세계 1위인 저스틴 비버의 〈베이비〉(56일)보다 4일 빠른 기록이다. 세계적인 비디오 분석 회사인 비저블 매저스(Visible Measures)에 따르면 〈강남스타일〉의 동영상과 관련된 모든 동영상(공연, 패러디, 합성과 네티즌 반응 등)들의 실질 총 조회수는 지난 13일 3억5000만 건이다. 연일 식지 않는 '싸이 돌풍'의 생존력이 가능한 이유 세 가지를 짚어 봤다.

• '유튜브'를 통한 실질적인 지배력 = 스쿠터 브라운은 저스틴 비버를 띄우는 가장 큰 소재로 '유튜브'를 선택했다. 이 공략은 제대로 들어맞았고, 비버의 〈베이비〉는 56일 만에 1억 건 조회수 돌파라는 신기록을 달성했다. 브라운은 이 지점에 주목했다. 자신이 키운 비버보다 더 빠른 기간에 더 많은 조회수로 인지도를 높이는 싸이가 오프라인에서도 중요한 영향력을 행사할 수 있다고 본 것이다.

비틀스의 매니저 브라이언 엡스타인이나 롤링스톤스의 매니저 앤드루 루그 올드햄이 오프라인 전략을 통해 세계적인 인지도를 쌓은 반면, 브라운은 온라인을 통해 시장 가능성을 내다봤다.(중략)

• 미국 문화에 젖지 않는 '독립성' = 싸이는 자신의 스타일대로 미국에서 '제멋대로' 말하고 노래한다. 미국 문화가 우월하다는 선입견에서 벗어나 '한국인의 자존심과 독창성'에 대한 장점을 빼놓지 않는다. 그가 NBC 투데이쇼에 나와 '미국에서 부는 열풍을 어떻게 생각하느냐'에 대한 진행자의 질문을 받고 "대한민국 만세!!"라고 외치며 "이는 한국이 최고라는 뜻"이라고 얘기하거나 '강남' '싸나이' 등 한국에서 유행하는 단어를 영어로 직접 '강의'하는

듯한 자세를 취하는 것도 미국인의 호기심을 부추기고 있다.

싸이는 미국 공영라디오(National Public Radio)와의 인터뷰에서 영어로 된 작품을 낼 생각이 없느냐는 질문에 "생각을 안 해 본 건 아니지만, 세계에서 가장 유명하고 대중적인 언어는 음악이라고 생각하는데, 가능하다면 한국어를 이용해 내 나라에 담긴 큰 역사를 말해주는 일을 하고 싶다"고 말했다. (중략)

• 트렌드를 읽는 영어권 싱어송라이터 = 〈강남스타일〉 이후의 싸이 효과에 대한 기대감이 높은 것은 싸이가 미국 문화를 열광시키는 내재된 요소와 능력들을 갖추고 있기 때문이다.

미국인들과 농담을 주고받을 만큼 감각적인 영어를 구사하는 데다, 힙합을 베이스로 한 클럽 댄스 음악에 대한 창작력과 감각도 남다르다는 것.

전문가들은 "싸이는 미국 버클리음대를 졸업하고 트렌디한 음악을 국내에서 꾸준히 선보여 왔고, 〈강남스타일〉을 계기로 미국인의 입맛에 맞는 음악을 어떻게 준비해야 하는지도 잘 아는 영리한 뮤지션"이라고 입을 모았다. (이하 생략)

김고금평 기자

《문화일보》 2012년 9월 17일자 23면(문화면)[29]

29_ 이 기사는 싸이의 〈강남스타일〉의 세계적인 인기 비결을 짚어본 해설기사이다. 원고 분량이 자그마치 2,177자에 이른다. 따라서, 기사의 리드를 앞세우지 않을 수 없었겠는데, 그 길이도 길다. 이 기사의 리드는 '유튜브 누적 조회수 1억9,000만 건'부터 '싸이 돌풍의 생존력이 가능한 이유 세 가지를 짚어 봤다'까지이다. 리드의 핵심은, 기사 제목이 말해주듯, '싸이라는 'Who'와 '美문화 흉내 안내는' 게 인기 비결이라는 'Why'이다. 이 기사의 본문 역시 'Who'와 'Why'를 중심으로 전개된다.

기사의 구조

앞장에서 살펴본 바와 같이, 기사의 제목과 리드는 기사를 읽게 하는 기능을 맡는다. 핵심은 역시 기사의 본문이다. 여기엔 일정한 틀이 있다. 기사의 구조다. 이러한 구조는 기사의 핵심적 내용을 전달하는 방식에 의해 결정된다. 그 대표적인 유형들을 살펴보자.

(1) 역피라미드형 기사

역(逆)피라미드형((Inverted Pyramidal Form) 기사는 보도기사의 기본이며 가장 많이 사용되는 형태이다. 주로 사건·사고 기사가 이런 구성 방식을 취하는데, 논문의 두괄식에 해당된다. 역피라미드형이란 역삼각형 모양을 의미한다. 피라미드의 맨 아랫부분에 보물이 묻혀 있다는 걸 연상해보면, 역피라미드형 기사의 특징을 이해하기가 쉬워진다. 즉, 역피라미드형 기사는 기사의 가장 중요한 사실을 맨 꼭대기에 올리고, 이어서 두 번째 중요한 사실을 배열하고, 아래로 내려갈수록 그 내용이 별로 중요하지 않는 문장을 열거하는 방식이다. 이는 핵심적 사실을 신속하게 전달하기 위해서이다. 그리고 기사에 대한 흥미를 주기 위해서다. 따라서 기자는 첫 문장에 혼신의 힘을 다하게 된다. 모든 기사가 그러하듯, 이런 유형의 기사 역시 육하원칙을 지켜야 하지만, '5W1H' 가운데 가장 중요한 사실부터 앞세워야 한다.

역피라미드형 기사는 신문 편집 과정에서도 기능적이다. 지면 관계로 기사 본문을 줄여야 할 경우, 편집자는 가차 없이 기사의 꼬리부터 잘라 버린다. 기사의 뒷부분이 잘려나가도 핵심적인 사실이 기사 앞부분에 기술되어 있으니, 기사의 요지는 전달된다. 언론 매체 입사하면, 역피라미드형 기사 쓰기부터 배운다. 기사의 가장 기본적인 패

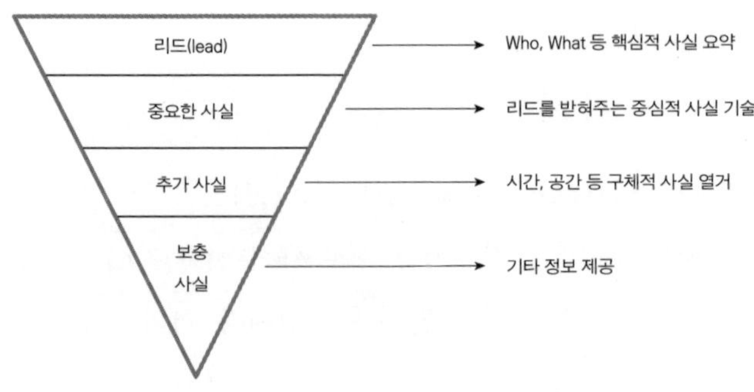

역피라미드형 기사

턴이기 때문이다. 기자는 이런 기사의 패턴을 머릿속에 외워두고, 취재한 사실을 여기에 대입시켜 기사를 작성한다.

최근 들어 역피라미드형 기사가 지나치게 무미건조하고 개성이 없으며, 기자를 리포터(reporter) 역할에 그치게 한다고 비판받기도 한다. 하지만 모든 기사는 이 형태를 바탕으로 해서 변형되거나 응용된다. 역피라미드형 기사를 도식화하면 앞의 그림과 같다. 그럼, 아래 예문을 읽고, 다음 문항의 빈칸을 채워보자.[30]

예문

'승부 조작' 수사, 정규리그로 확대

프로축구 승부 조작 의혹을 수사하고 있는 창원지검이 지난해 러시앤캐시컵 경기 외에 여러 건의 정규리그 경기에서도 승부 조작이 벌어진 혐의를 잡고 수사 대상을 확대 중이다.

창원지검은 28일 상무(지난해 광주상무) 소속 선수 4~5명을 참고인 또는 피의자 신분으로 불러들여 조사했다. 이 가운데는 국가대표 출신의 최성국(28·수원 삼성)도 포함된 것으로 밝혀졌다. 최성국은 28일 프로축구연맹에 자신이 승부 조작에 관여한 사실을 자진 신고한 뒤 창원지검에서 조사를 받았다.

프로축구연맹의 한 관계자는 29일 "최성국이 어제 승부 조작에 관여한

30_ 이러한 실습은 수업 당일의 신문 기사 중 특정 사건을 예로 들면, 더욱 생생하고 효과적인 학습이 될 수 있다.

사실을 자진 신고했다"며 "곧바로 승부 조작 사건을 수사 중인 창원지검으로
가 조사를 받도록 했다"고 밝혔다. 그는 "최성국이 먼저 구속된 김동현(상주상
무)이 부탁해 어쩔 수 없이 승부 조작에 관여는 했지만 금품은 받지 않았다고
주장했다"고 말했다.

프로축구연맹에 따르면 최성국은 광주상무 유니폼을 입고 뛸 때인 지난해
6월2일의 컵대회 광주-성남전(1-1 무승부)과 6월 6일의 정규리그 광주-울산
전(울산 2-0 승)에서 이뤄진 승부 조작을 사전모의하는 모임에 참석했다는 것
이다.

이에 대해 최성국은 검찰에서 당시 모임에 갔지만 김동현이 건네준 돈을
받지 않았다고 진술한 것으로 알려졌다. 청소년대표팀과 올림픽대표팀을 모
두 거친 최성국은 2002년 한일월드컵 당시 거스 히딩크 감독이 대표팀의 연
습생으로 발탁했을 정도로 실력을 인정받은 스트라이커였다.

한편 이날 창원지법에서는 지난 4월 러시앤캐시컵(대전-포항전, 광주-부산전)
에서 승부 조작에 참여했거나 스포츠토토 베팅에 참여한 혐의로 기소된 피
고인 열네 명에 대한 첫 공판이 열렸다. 피고인 열네 명은 모두 자신의 혐의를
인정했다. 검찰은 돈을 댄 이 모(30) 씨와 곽 모(30) 씨에게 각각 징역 2년을,
승부 조작 사실을 인지하고 토토를 구매한 전 포항 소속 김정겸에게는 징역
10월에 집행유예 2년, 사회봉사 80시간을 구형했다.

이화종 기자

《문화일보》 2011년 6월 29일자 10면(사회면)

〈문항 1〉 위의 기사를 문단 별로 나누어서 역피라미드형 도표에 대입시켜
　　　　보자.

〈문항 2〉 위의 기사에 담겨 있는 사실을 사건 발생 순서대로 정리해보자.

(2) 피라미드형 기사

　피라미드형(Pyramidal Form) 기사는 역피라미드형과 정반대되는 구
성 방식을 취한다. 피라미드형 기사가 보편화될 때까지 오랫동안 사
용되어 온 전통적인 기사 작성법이다.
　이 기사는 미괄식 구성을 취하는데, 사실의 중요성보다는 기사에
대한 흥미를 자극하는 도입부를 제시한다. 이어서 보도 내용의 중요

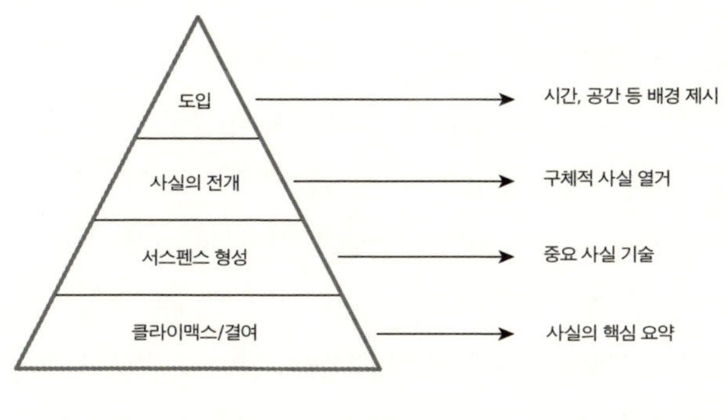

피라미드형 기사

성을 증가시키며 마지막에 이르러 사실의 핵심을 전한다. 미국에선 이를 이야기체 기사(feature story) 소설체 기사(literary form)라고도 한다. 주로 신문의 르포기사에 활용되며, 서론·본론·결론의 구성 방식을 취하는 사설(社說)이나 논설, 그리고 시론(時論) 등이 여기에 속한다. 피라미드형 기사를 도식화하면 앞의 그림과 같다. 그럼, 아래 예문을 읽고 글의 단락을 나누어서 도표에 대입시켜보자.

예문

〈데스크 시각〉 승부 조작

프로스포츠에서 승부 조작의 원조는 역시 프로스포츠가 가장 먼저 발달한 미국일 것이다. 특히 1940~1960년대에 프로복싱에서 심했다. 그 배후는 마피아였다. 케시어스 클레이(무하마드 알리)에게 헤비급 타이틀을 빼앗긴 소니 리스튼은 마피아가 뒤를 봐주고 있어 승승장구했다는 소문이 돌았던 선수다. 하지만 클레이가 1965년 리턴매치에서 1회전에 단 한방으로 리스튼을 KO시키자 이번엔 클레이에게도 의심의 눈초리가 쏠렸다.

당시 텔레비전 중계화면을 보면 '잽'수준의 펀치에 리스튼이 쓰러져 다소 의혹을 살 만도 했다. 스포츠 기자들은 이 경기를 보도하면서 클레이의 주먹을 '팬텀 펀치(phantom punch, 유령의 주먹)'라 불렀는데, 거기에는 경기 결과의 배경을 의심하는 야유가 담겨 있었다.

그 정도로 프로복싱에서 승부 조작이 만연했던 모양이다. 권투를 소재로 한 미국 영화에서 거의 빠지지 않고 나오는 얘기가 승부 조작이지만, 영화에서처럼 선수를 돈으로 매수하거나 심지어 권총으로 위협하는 일도 흔했다.

(중략)

국내 K리그의 승부 조작 사건이 유명 선수가 연루된 것으로 드러나면서 그 파장이 수그러들지 않고 있다. 국내에서 이 같은 사건은 사실상 처음이어서 충격이 더 크다. 더구나 스포츠가 어린 학생들에게 주는 교훈이 페어플레이라는 점에서 국민들의 실망이 작지 않다.

그 원인을 놓고 엘리트 체육의 문제부터 선수들의 인성교육 부족 등 의견이 분분하다. 설득력이 없지는 않지만, 이번 사건의 본질은 '도박'에 있다. 우리 사회에 만연한 도박이 축구장까지 치고 들어온 것이다. 이를 두고 도덕성과 자질 문제를 선수들에게 들이대는 것은 돈의 유혹에 선수들은 무감각해야 한다는 처방처럼 공허하다. 그렇다면 불법 베팅과 도박 사이트 등 우리 사회 곳곳에 깊게 뿌리를 내린 도박에 대한 관계기관의 강력한 대처가 더 앞서야 한다.

엄주엽 체육부 부장대우

《문화일보》 2011년 6월 30일자 30면(오피니언─인물면)[31]

31_　이 예문은 앞 예문의 「'승부 조작' 수사, 정규리그로 확대」를 바탕 삼아 쓴 칼럼기사이다. 이 기사는 프로스포츠 승부 조작의 역사를 사례별로 열거해 나간다. 그리고 마지막 문단에 이르러 프로스포츠 선수들의 도덕성과 자질 문제를 탓하기에 앞서 스포츠 도박의 '검은 돈'을 물리칠 근본적인 대책이 필요하다는 기자의 주장을 담고 있다.

(3) 혼합형 기사

혼합형 기사는 피라미드와 역피라미드형을 혼합시킨 형태이다. 기사의 서두는 역피라미드형을 취하고, 그 다음은 피라미드형을 따른다. 이를 도식화하면 고인돌 모양이 되는데, 기사의 서두는 전체의 내용을 요약하는 리드 형태를 띤다. 그 다음부터 차츰 차츰 핵심적 사실에 다가서는 구성 방식을 취한다. 몇 가지 사실을 묶어서 전하는 스트레이트기사를 비롯해 해설기사, 인터뷰기사에 주로 쓰인다.

혼합형 기사는 신문 보다 잡지에서 주로 활용되는데, 장문의 기사를 게재하면서 독자의 눈길을 끌어야 하기 때문이다. 인터뷰기사도 혼합형 구성 방식을 선호한다. 원고 분량이 정해져 있고, 연대기적 서술이 많고, 문답의 순서대로 기사를 작성하는 경우가 많기 때문이다.

혼합형 기사를 도식화하면 다음과 같다. 그럼, 아래 예문을 읽고 글

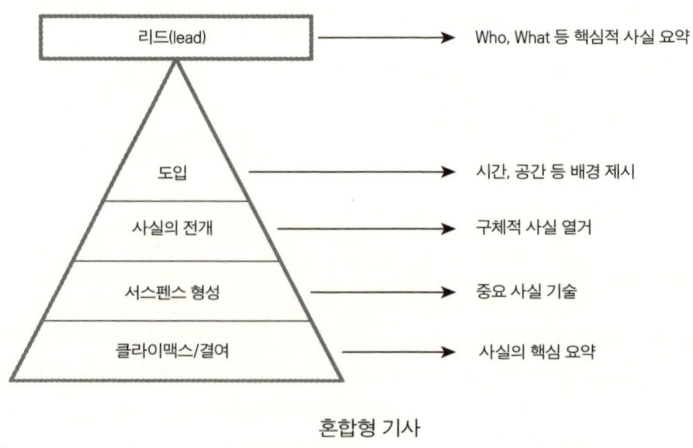

혼합형 기사

의 단락을 나누어서 도표에 대입시켜보자.[32]

32_ 이 기사는 그 내용상 네 개의 단락으로 되어 있다. 첫 단락은 '실화를 바탕으로 한 아카데미상 후보작 3편이~'로 시작되고, 두 번째 단락은 '올 아카데미영화제 최우수작품상 감독상 남우주연상 등 7개 부문 후보에 오른~', 세 번째 단락은 '올 아카데미상 여우주연상과 여우조연상 후보를 낸~', 네 번째 단락은 '1966년, 미국 뉴저지주(州)페터슨시의 한 술집에서~'로 시작된다. 첫 단락이 기사 전체의 내용을 요약하고 있고, 이어서 차례대로 기사의 핵심을 나열하고 있다.

는 인디영화로 기량을 다진 여성감독 킴벌리 피어스의 장편 데뷔작. 1933년
미국 네브래스키주(州)의 작은 도시 링컨시티. 주인공 티나 브랜던(힐러리 스웽
크)은 절도범 수배를 피해 장난삼아 머리를 자르고 남장을 한다. 치한에게 놀
림을 당하던 여자 캔디스를 도와준 인연으로 그녀의 집에 머물게 된다. 작은
시골 마을로 옮겨온 브랜던은 캔디스의 친구들과 어울리며 남자로서의 색다
른 경험을 얻는다. (중략)

　　1966년, 미국 뉴저지주(州) 페터슨시의 한 술집에서 백인 세 명이 두 명의
흑인 괴한들에게 사살당한다. 백인 형사의 증거 조작과 인종차별로 흑인 복
서 카터가 용의자로 잡혀 종신형을 선고받는다. 노먼 주이슨감독의 〈허리케
인 카터〉는 이같은 실화를 바탕으로 카터(덴젤 워싱턴)가 22년의 옥살이 끝에
자유를 찾는 과정을 담고 있다. 카터는 종신형을 선고받자 자신의 무죄를 입
증하기 위한 방법으로 자신의 전기인 『제16라운드』를 펴낸다. (중략) 덴젤 워
싱턴은 이 작품으로 올해 제57회 골든 글로브상에서 드라마부문 최우수 남
자 배우상을 받았다. 올 아카데미 남우주연상도 거머쥔다면, 〈영광의 깃발〉
에 이어 남우주연상을 두 번 받는 셈이 된다.

오정국 기자

《문화일보》 2000년 3월 10일자 30면(기획면)

(4) 다이아몬드형 기사

다이아몬드형(Diamond Form)기사의 구성 방식은 소설과 유사하다.
글의 시작과 전개를 거쳐 중간 부분에 이르러 기사의 핵심적인 내용

을 펼쳐서 클라이맥스를 장식한다. 여기에다 추가 정보를 보탬으로써 글을 종결시킨다. 이런 유형은 원고 분량이 정해져 있는 박스기사일 때 적합하다. 신문의 기획특집기사가 이를 활용하긴 하지만, 기사의 핵심이 한가운데 숨어 있기 때문에 일반적인 보도기사에선 이 유형을 쓰지 않는다.

시사 주간지나 월간지가 주로 이런 유형을 활용한다. 시사해설이나 기획시리즈가 그것이다. 그 이유는 신문에 비해 기사 분량이 많고, 게재 지면이 예정되어 있고, 에필로그의 여운을 던져줘야 하기 때문이다. 잡지의 르포기사도 이런 형태를 선호하는데, 르포기사는 현장감을 전달하기 위한 스케치를 해야 한다. 서두에 밝히는 취재 일시와 장소, 취재 일정에 관한 기술이 그것이다. 그리고 취재의 핵심으로 다가간다. 취재기자는 기사를 끝내기에 앞서 향후 전망이나 취재 후일담을 덧붙인다. 다이아몬드형 기사를 도식화하면 다음과 같다.

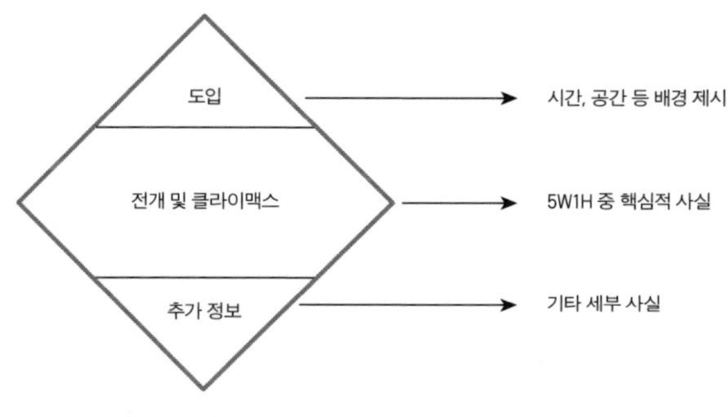

다이아몬드형 기사

3

기사의 유형

모든 기사엔 유형이 있다. 이 유형은 기사의 소재에 의해서 결정된다. 이를테면, 사건·사고냐 아니면 화젯거리냐에 따라 기사의 유형이 달라진다. 또한, 이러한 소재를 객관적으로 기술했느냐 아니면 주관적 의견을 개입시켰느냐에 따라 유형이 달라진다. 그 대표적인 유형들을 알아보자.

(1) 스트레이트기사

스트레이트(straight)기사는 사건·사고나 정보를 직접적으로 서술하는 기사를 말한다. 스트레이트의 '뻗치다'라는 의미가 말해주듯, 이 기사는 사실을 객관적으로 전달하는 게 목적이다. 스트레이트기사는 모든 기사의 가장 기본적인 형태다. 정치·경제·사회·스포츠·외신

(外信) 등의 보도기사가 여기에 속한다. 스트레이트기사의 골격을 바탕으로 해서 해설기사도 나오고 분석기사도 나온다.

이 기사는 철저하게 육하원칙에 의거해 작성하되, '역(逆)피라미드' 형태를 취한다. 역피라미드 형태는 기사의 첫머리에 가장 핵심적인 사실을 내세우고, 뒷부분으로 갈수록 중요도가 떨어지는 사실을 열거한다. 선배 기자로부터 기사 쓰기를 배우면, "도마뱀처럼 써야 한다"는 말을 자주 듣게 된다. 스트레이트기사를 두고 하는 말이다. 담당 데스크나 편집부에서 기사의 꼬리를 잘라 버려도 기사가 도마뱀처럼 살아가야 한다는 뜻이다.

그럼, 여기서 다음 예문을 읽어보자. 그리고 스트레이트기사의 특성에 맞게 문단을 다시 배열해보자.[33]

성기·이보희·한석규·정선경 등이 참석했다.

(3) '꿈과 환상의 영상잔치'인 제1회 부천국제판타스틱영화제가 29일 오후 6시 30분 부천시민회관에서 정계·문화계·시민 등 1천5백여 명이 참석한 가운데 화려한 막을 올렸다.

(4) 이날 개막행사를 시작으로 총 25개국에서 출품된 영화 82편이 부천시민회관 시청대강당 영시네마극장 소사구청 소향관 등 네 개 상영관과 시청 앞 야외 상영장에서 9월 5일까지 공식 상영일정에 들어갔다. 개막행사는 개막식에 이어 브라스밴드의 시가지 행진, 시민들의 가면극 가장행렬, 그룹 '코리아나'의 축하공연으로 마무리됐다.

(5) 부천 필하모니 오케스트라의 〈판타지아〉 연주로 서곡을 장식한 개막식은 영화배우 문성근과 아나운서 김연주의 사회로 진행됐으며 이장호 집행위원장과 '레디 오브 페스티벌'인 강수연의 개막선언을 첫머리로 부천시장인 이해선 조직위원장의 환영사, 김종민 문체부차관의 축사, 해외초청인사 소개, 고 홍찬 씨에 대한 특별상 수여, 개막작품 〈달세계 여행〉 상영 순으로 이어졌다.

33_ 이 예문은 필자가 《문화일보》 1997년 8월 30일자 29면(사회면)에 보도한 스트레이트기사이다. 이를 다섯 개의 문단으로 나눠서 열거한 것인데, (1)은 영화제 조직위원장의 환영사를 일부 옮겨 놓았고, (2)는 개막 행사 참가자들의 이름을 열거하고 있다. (3)은 '영화제 개막'의 핵심적 뉴스를 전하고 있고, (4)는 개막에 따른 영화제 일정과 개막행사 내용을 부가적

해설(interpretive)기사는 스트레이트기사가 전하는 뉴스를 풀이해주는 기능을 한다. 즉, 이미 보도된 사건·사고의 원인과 배경, 전망과 영향 등을 보충 취재하여 보도하는 형식을 말한다. 국내 일간지의 경우, 1면에 큰 사건을 보도하면 이와 관련된 해설기사를 다른 면에 싣고 〈관련기사 ○면〉으로 표기해 독자의 시선을 끌게 한다.[34]

최근 들어 인쇄 미디어들이 해설기사를 강화하고 있다. 텔레비전 방송이나 인터넷 미디어와의 속보 경쟁에서 뒤질 수밖에 없기 때문에 뉴스 이면의 사실들을 발굴하고 평가함으로써 독자의 궁금증을 풀어주기 위해서다. 뿐만 아니라, 나날이 복잡해지는 현대사회에서의 경제·환경·보건·과학기술 분야를 보다 심층적으로 보도하기 위해서다. 각양각색의 뉴스 수용자들 중 전문지식을 가진 이들은 '화학물질이 암을 유발한다'는 식의 단발성 보도에 이의를 제기하고 있다. 해마다 보도되는 노벨물리학상 수상 관련 기사는 스트레이트기사만으로 수상의 이유를 파악해낼 수 없다. 이에 따라 심층적 해설 보도가 요

으로 설명하고 있다. 이와 같은 문단 내용의 중요도를 측정해보면, 스트레이트기사의 특성에 맞도록 문단을 쉽게 재배치할 수 있을 것이다. 이 기사의 제목은 「25개국 참가 부천 국제 판타스틱 영화제 개막」이고, 실제 기사는 〈3〉〈5〉〈1〉〈4〉〈2〉순으로 되어 있다.

34_ 언론학자들은, 해설기사는 제1차 세계대전과 1920년대 경제공황을 겪으면서 미국 언론들이 사실 보도의 한계를 실감하면서 개발했다고 말한다. 제1차 세계대전과 경제공황을 단기간의 사회·경제적 요인으로선 설명할 수 없었으며, 난국에 대처하기 위한 정보를 찾을 수 없었기 때문이었다.

구되고 있는 것이다. 다음 예문의 두 기사를 읽어보자. 동일한 신문 지면에 나란히 실린 기사인데, 〈예문1〉는 '제72회 아카데미영화상' 시상식을 전하는 스트레이트기사이다. 〈예문2〉는 이 영화제에서 5개 주요 부문상을 수상한 영화 〈아메리칸 뷰티〉의 작품성과 줄거리, 국내의 흥행 실적을 전하고 있다. '제72회 아카데미영화상'에 대한 해설기사임을 손쉽게 알 수 있다.

은 〈처음 만나는 자유〉의 안젤리나 졸리에게 돌아갔다. 영화배우 존 보이트의 딸인 안젤리나 졸리는 정신병자역을 훌륭하게 소화해냈으며, 마이클 케인은 고아원 원장겸 의사역을 맡아 카리스마적인 연기를 보였다. (이하 생략)

오정국 기자

《문화일보》 2000년 3월 28일자 21면(특집면)

예문 2
〈아메리칸 뷰티〉 어떤 작품인가?

샘 멘데스감독의 〈아메리칸 뷰티〉는 아카데미 영화제가 열리기 이전부터 주요 부문상을 석권할 것이라고 예상됐었다. 지난해 미국에서 개봉되어 선풍적인 인기를 끌었으며, 전미 영화학회 최우수작품상과 LA비평가협회 감독상을 받았다. 올해 들어선 골든글로브 작품상을 비롯, 감독상·각본상을 받는 등 '상복'이 줄을 이었다. 세기말에 처한 미국인의 정신적 현주소를 그만큼 정교하고도 리얼하게 표현해낸 작품이 없었다는 얘기다.

미국 중산층 가정의 정신적 공황 상태를 유머스럽고도 처참하게 보여주는 블랙 코미디인 이 작품은 딸의 친구인 십대 소녀를 향한 성적 환상을 통해 삶의 활력을 되찾는 중년남자의 이야기를 기둥 줄거리로 하고 있다.

회사원인 레스터 버냄(케빈 스페이시)의 가족들은 장미꽃이 화사하게 핀 교외의 주택가에 살고 있지만 모두 '벌레 먹은 장미'들이다. 가장인 레스터 버냄의 하루 일상 중 유일한 즐거움은 아침 샤워 때 자위행위를 하는 것이다. 레스터의 아내인 캐롤린은 오로지 돈을 벌고 성공을 해야 한다는 강박관념에 사로잡힌 부동산 중개업자. 딸인 제인은 17세의 여고생으로 자신의 친구를 탐하는 아버지를 증오한다. 남자친구에게 "우리 아빠를 죽여줄 수 있겠어?"라고 말할 정도다. 딸의 친구에게 한눈에 빠져 버린 중년남자. 감독은 중년남자와 여고생의 선정적이고도 위태로운 관계를 통해 극적 긴장을 이어간다. 그러나 정작 드러나는 것은 파편처럼 존재하는 가족 구성원들의 황폐한 삶이다.

〈아메리칸 뷰티〉는 지난달 26일 국내에서 개봉돼 현재 전국 45만 명의 관객을 동원하고 있으며 이번 수상으로 장기적인 흥행가도를 달릴 것으로 예상된다.

오정국 기자

《문화일보》 2000년 3월 28일자 21면(특집면)

(3) 피처기사

피처기사(feature story)는 사실 보도 중심의 스트레이트기사와 달리, 흥미 위주의 '읽을거리 기사' '눈요깃거리 기사' '화제성 기사'를 말한다. 신문의 경우, 상자 형태로 구획지어 싣는다고 해서 '박스기사'라고도 한다. 이를테면, 사건·사고 현장을 가볍게 그려낸 스케치(sketch)기사를 비롯해 관련 일상생활 주변의 미담 기사가 그것이다. 특정 사건을 우회적으로 꼬집는 가십(gossip)기사도 여기에 속한다. 사회적 이슈에 관련된 해설기사도 넓게 보면 여기에 해당되고, 인터뷰기사도 그러하다. 이 기사엔 기자의 주장이 개입될 수 있고, 기사 형식이 비교적 자유롭다.

피처기사는 그 소재에 따라 대략 다음 다섯 가지로 나누어진다. 특정 사건을 다룬 '사건 피처(special events features)'와 과거 사건의 현재적 의미를 묻는 '역사 피처(historical features)'는 세상 현실을 반영하는 무거운 기사들이다. 이에 비해 동물원 이야기나 진기명기 등의 재미있고 엉뚱한 '인간적 흥미 피처(human interest features)'와 유적지나 관광지, 박람회나 축제 등 특정 장소를 그려내는 '묘사 피처(descriptive features)'는 일상의 피로를 풀어주는 읽을거리들이다. 이를테면, 벚꽃놀이나 피서 여행, 지방 축제를 취재한 '시즌 피처(season features)'도 흥미로운 읽을거리다. 이러한 피처기사를 좀 더 자세히 살펴보면 다음과 같다.

① 인터뷰기사

인터뷰기사란 인물을 뉴스화하는 기사이다. 사건·사고의 당사자 또는 화제의 인물을 취재하여 재구성한 글이다. 인터뷰는 여러 매체가 동시에 참가하는 기자회견을 비롯해 취재원과 기자의 단독 면담, 그리고 한 매체의 기자들이 특정 인물을 동시에 대면하는 집단 인터뷰로 나눠진다. 뉴스 보도의 가장 중요한 출처는 사람이다. 그만큼 인물 취재가 중요하다는 것이다. 인터뷰기사는 기자와 취재원의 합작품인 만큼 쌍방의 소통이 중요하고, 심층적인 보도가 가능하다.

인터뷰기사에는 서술형과 일문일답형이 있다. 사실 확인을 위주로 한 경우는 일문일답 형식을 쓰고 기자의 의견을 가미할 땐 서술형이 적합하다. 문장은 쉽고 짧은 구어체가 특징이다. 인터뷰기사는 주로 피라미드형이나 혼합형의 형태를 취하는데, 와이드 인터뷰인 경우엔 리드를 앞세우기 마련이다. 기사 본문은 대부분 대담 순서를 따라가지만, 반드시 이를 지켜야 할 필요는 없다. 그럼, 다음 예문을 읽고, 인터뷰기사의 특징을 정리해보자.

은 그녀에게 걷잡을 수 없이 빠져드는데, 이는 '잔인하고 황홀한 탄생의 시작'이었다. (중략) '사랑과 죽음의 광시곡'으로 읽어도 될 이 소설의 마지막 무대인 바이칼호는 '사멸(死滅)의 공간'이었다. 불치병을 앓던 천예린이 그곳의 한 섬에서 죽는다.

천예린은 김진영보다 연상일 뿐 아니라 천박하고 음탕하고 교활하다. 그런가 하면 우아하고 착하고 천진스런 '천의 얼굴'을 가진 여자다. 그녀는 천사이자 악마이다. 생의 신비를 지닌 하나의 거대한 관념으로 볼 수도 있다. 김진영은 천예린의 마력에 감겨 평생토록 지켜온 자신의 '관성'을 무너뜨린다. 김진영은 "내 생의 마지막에 찾아와서 뒷덜미를 사정없이 후려친 여인, 그녀와의 광포한 사랑에 나는 매일 죽었고 매일 다시 태어났다"고 말한다.

'광란'이라고 볼 수밖에 없는 두 남녀의 성관계는 지옥의 아수라를 연상케 하는데, 사멸하는 생명에 항거하는 처절한 몸부림으로 읽힌다. 죽음을 앞둔 천예린의 몸은 또 어떤가. 더러운 반점들이 핀다. 세상의 온갖 추함을 다 짊어지고 떠나는 그녀의 육체, 김진영은 죽어 가는 육체가 마지막으로 내뿜는 광채에 의해 이 세상에 다시 태어나는 듯이 최고조의 육체적 쾌락을 맛본다.

이 작품은 사실, 두 50대 남녀의 별로 아름답지도 않은 사랑 이야기다. 한 남자의 눈물겨운 순애보도 아니다. 그럼에도 시종 흥미롭게 읽히고, 마침내 가슴 뭉클한 감동을 던져주는 것은 작가의 무르익은 문체를 뛰어넘는 그 무엇 때문이다. 바로 작가의 뼈아픈 육성이 실려 있기 때문이다. 문득, 작가가 묻는다. 이런 게 진정한 삶인가, 혹시 당신도 허깨비 같은 생을 살고 있는 것은 아닌가 하고.

오정국 기자
《문화일보》 1999년 6월 24일자 17면(문화면)

② 스케치기사

대형 사고, 이를테면 2010년의 '천안함 침몰 사건'이나 2011년의 '일본 쓰나미 사고' 기사를 보면, 스트레이트기사와 해설기사 외에 유가족 상황이나 현장 분위기를 전하는 짧은 기사들을 접할 수 있다. 기자가 현장을 스케치하듯 기사를 쓴다고 해서 스케치기사라고 한다. 신문의 경우엔 보통 '○…'으로 표시되어 기자들이 '마루(일본어로 동그라미라는 뜻) 땡' 기사라고도 한다. 2012년 런던올림픽 경기장 풍경이나 새봄의 대공원 표정을 담은 기사도 여기에 속한다.

③ 가십기사

'가십(gossip)'이 '잡담, 가벼운 이야기'란 뜻인 것처럼, 가십기사란 가벼운 화젯거리로 쓴 흥미 위주의 기사를 말한다. 일간지의 사회면 하단 구석에 '휴지통' '주사위' '색연필' 등의 이름을 달고 있다. 가십기사는 흥미 본위의 인물평에서 시작됐지만, 군사 정권 시절엔 보도할 수 없는 뉴스를 우회적으로 전달하고 꼬집는 역할을 맡았다. 이 기사는 분량이 짧고, 풍자성이 강하다.

이와 같은 피처기사는 스트레이트기사의 이면이나 측면을 드러내는데 주로 사용된다. 스트레이트기사로 쓰기 어려운 사안일 때도 이런 유형을 취하게 된다. 그럼, 다음 예문들을 읽고, 스케치기사와 가십기사를 가려내서 그 특징을 비교해보자.

예문 1
넥타이 잡히고 계란 맞은 이상득

곧 비라도 쏟아질 듯 후텁지근한 날씨였던 10일 오전 10시 28분. 이상득(77) 전 새누리당 의원이 구속 전 피의자 심문(영장실질심사)을 받기 위해 서울 서초동 서울중앙지법 후문에 도착했다.

이미 법원 출입구는 오십여 명의 취재진이 몰려 발 디딜 틈도 없었지만, 성난 스무여 명의 부실 저축은행 피해자들은 법원 경비의 제지까지 뚫고 이 전 의원을 향해 고성을 지르기 시작했다. "이상득 도둑놈을 구속하라!" "내 돈 내놔라!"는 울분 섞인 목소리가 이어졌고, 한 60대 피해자는 바닥에 앉아 대성통곡을 하기도 했다. 김옥주(50) 부산저축은행 피해자 비상대책위원회장은 "이 전 의원은 대선자금, 개인 비리 전부 밝히고 그 돈을 피해자들에게 돌려줘야 한다"고 목소리를 높였다.

이 전 의원은 아수라장 같은 현장을 지나 겨우 법원 건물로 들어섰지만 시련은 끝나지 않았다. 포토라인을 지나치려던 그는 저축은행 피해자들과 취재진에 둘러싸였다. "혐의를 인정하느냐" "청와대에 한마디 해 달라"는 취재진의 질문이 이어졌지만 이 전 의원이 묵묵부답으로 일관하던 사이, 뒤쪽에서 계란 두어 개가 날아들었다. 계란은 이 전 의원을 직접 맞추지 못했으나 부서진 계란 조각이 이 전 의원의 바지 아래쪽에 튀었다. 이때 김 위원장이 혼란한 틈을 비집고 들어와 이 전 의원의 하늘색 넥타이를 붙잡고 끌어당겼다. 순간 당황한 이 전 의원의 표정은 구겨졌다. 연신 터지는 카메라 플래시에 그의 이마에는 굵은 땀방울이 흘러내렸다. (이하 생략)

정재호·이성택 기자

《한국일보》 2002년 7월 10일자 6면(종합면)

위의 〈예문1〉은 이상득 전(前) 새누리당 국회의원이 구속되던 날, 법원 앞의 풍경을 담아낸 기사이다. 이 전 의원 구속 여부가 국민들의 비상한 관심을 끌었던 만큼 구속 당시의 상황도 궁금한 뉴스이다. 이

기사는 저축은행 피해자들의 모습과 이 전 의원이 넥타이를 잡히고
계란을 맞는 장면까지 자세히 기술하고 있다. 스트레이트기사엔 담
을 수 없었던 스케치기사이다. 〈예문2〉는 세간의 이목이 집중됐던 인
물들을 한꺼번에 등장시킨 화제성 가십기사다. 강용석 전 국회의원
과 타블로, 그리고 '타진요' 회원들. 게다가, 이들 사이에 '명예훼손' 사
건까지 개입되어 있으니, 독자의 관심이 더욱 커진다. 이 사건은 인터
넷 통신의 파급력과 한국 사회의 학벌주의, 그리고 여성에 대한 정치
인의 언행 문제를 복합적으로 안고 있다. 이처럼 가십기사는 짧은 기
사이면서도 사회 이면의 여러 문제점을 보여준다.

(4) 의견기사

의견(editorial)기사는 사회적 이슈의 원인과 문제점, 해결책 등을 제
시하려는 기자의 주관적인 글이다. 신문의 칼럼이나 논설, 사설(社說)
이 여기에 속한다. 일반 기사와 달리, 기자의 가치판단이 개입되기 때
문에 주장과 논지가 선명해야 한다. 중견 기자가 쓰는 '취재 수첩'도
여기에 해당된다. 의견기사는 거의 원고 분량이 정해진 '박스형' 기사
이며, 논지 전개 방식이 자유롭다. 다음 예문의 기사를 읽고, 기사의
핵심을 요약해보자.[35]

35_ 이 예문은 필자가 「충무로 동서남북」이란 이름으로 매주 《문화일보》에 실었던 '취재 수첩'
 중의 하나다. 1996년 12월부터 1998년 4월까지 모두 61회에 걸쳐 연재했던 '고정 칼럼'이기
 도 했다. 기자의 취재 과정과 오랜 기간에 걸친 사건 추적을 예시하기 위하여 인용했다.

예문

직배영화 십 년, 그리고 〈타이타닉〉

십 년 전의 일이다. 신문사로 한 통의 '제보 전화'가 걸려왔었다. 그 목소리
는 다급했다. "강남 시네하우스 극장에 뱀이 나타났다. 악취가 풍기는 액체
가 담긴 플라스틱통도 발견됐다. 손님들이 뛰쳐나오고 난리가 났다"는 내용
이었다. 사진부 기자와 함께 현장으로 달려갔다. 이상하게 극장 주위가 너무
조용했다. 우선 주변의 가게를 기웃거리며 "몇 시쯤 관객들이 뛰쳐나왔느냐"
는 등 '외곽 탐문'을 시작했다. 가게들마다 "그런 일 없다"는 것이었다. 극장
측에서 그새 손을 쓴 모양이었다.

극장 안으로 들어가니 사태는 이미 진정되어 있었고, 극장주인 정진우 감
독은 종적을 감추고 없었다. 가까스로 몇 사람의 증언을 확보하고 사진을 찍
어 '직배영화 상영관 뱀소동'이란 기사를 내보냈다. UIP의 첫 직배영화 '위험
한 정사'가 개봉될 때의 일이다. 그때 '직배 반대' 운동은 요원의 불길 같았
고, 잇따라 '시네하우스 화염병 방화 사건'이 터졌다.

그리고 십 년의 세월이 흘러갔다. 그 사이 우연한 기회에 "내가 바로 '뱀'
소동을 일으켜놓고 제보 전화를 건 장본인"이라는 영화감독을 만났다. '직배
반대'의 행동대원이었다는 그는 당시 사정을 소상히 털어놓았다. 그와 동시
에 미궁에 빠졌던 '화염병 방화 사건'의 진상이 검찰 수사에 의해 드러났는
데, 서울극장 대표이자 서울시 극장협회장인 곽정환 씨가 배후 인물로 밝혀
졌다.

곽 씨가 겉으로는 '직배 반대' 운동을 폈지만 사실은 UIP와 비밀리에 영화
수급 계약을 끝냈다는 것도 뒤늦게 밝혀졌다. 이를 뒷받침하듯 1990년 12

월 곽씨는 UIP의 〈사랑과 영혼〉을 서울극장에 걸었고, 이때 또 한 번의 대규모 '직배 반대' 시위가 일어났다. 그러나 서울극장 배급라인은 워너브러더스, 이십세기 폭스, 월트 디즈니 등 직배3사의 배급대행을 맡았고 이때부터 전국 최대의 배급망을 형성했다. 동시에 미국 직배사가 급속도로 한국 시장을 장악하는 데 결정적인 발판을 제공했다.

직배 영화 십 년의 '블록버스터'로 〈타이타닉〉이 왔다. 삼백만 명의 관객이 동원된다면, 극장에 63억 원이 떨어지고 미국에 30억 원이 송금된다. 이 작품의 배급 역시 서울극장 라인이 맡았다. 특히 서울극장은 7개 상영관 중 5개관을 〈타이타닉〉에 내줬고 상영 횟수를 늘리기 위해 오전 7시 50분 첫 회를 상영하는 진기록까지 세우고 있다.

오정국 기자

《문화일보》 1998년 3월 3일자 12면(문화면)

위의 기사는 기자의 현장 취재 경험을 바탕에 깔고 있다. 이른바, '직배 영화' 반대 운동의 내력을 보도하면서 관련 인물의 행적을 추적하는 동시에 '직배 영화' 수익금의 향방을 밝히고 있다. 이러한 의견기사는 스트레이트기사나 해설기사에 비해 그 문장이 한껏 자유롭다는 걸 보여주고 있다.

4

기사 쓰기 수칙

매스컴을 통해 한 번 보도된 뉴스는 돌이킬 수 없다. 쏟아 버린 물을 다시 담을 수 없는 것과 같다. 보도된 뉴스는 뉴스 자체가 사실이 되어 버린다. 따라서, 기사 쓰기는 그 내용에도 신중을 기해야 하지만, 기술 방식도 명료해야 한다. 기사 쓰기에는 '왕도(王道)'가 없다. 가장 보편적인 기사 작성법을 '십계명'으로 묶어보면 다음과 같다.

(1) 한 가지 주제를 명확하게 잡아라

기사는 세상의 무수한 사건 중 단 하나의 사실을 전달하는 매개물이다. 스트레이트기사나 해설기사, 피처기사도 마찬가지다. 하나의 주제를 향한 응집력을 갖춰야 한다. 주제가 명확하지 않으면 '결승점이 없는 달리기'를 하는 것과 같다. 주제의 가닥을 제대로 잡지 않으면,

우선 기사를 쓰는 기자 자신이 곤욕을 치른다. 마감 시간은 시시각각 다가오는데 글의 초점이 잡히지 않으니 저절로 식은땀이 흐른다. 기사는 첫 문장부터 하나의 주제를 향한 일관성과 통일성을 지녀야 한다. 그리고 이를 결집시켜 나가는 응집력을 유지해야 한다.

(2) 육하원칙에 의거해 구체성을 확보하라

객관적인 사실을 전달하는 스트레이트기사뿐만 아니라 모든 기사는 기본적으로 육하원칙을 갖춰야 한다. 그 이유는 기사의 원재료를 구체적으로 보여주기 위해서다. 뿐만 아니라, 육하원칙은 기사의 존립 근거가 된다. 일반적으로 기사 쓰기의 기본 원칙을 '3C'에 두고 있는데, 정확성(correctness), 간결성(clearness), 명료성(conciseness)이 그것이다. 이 중 '정확성'과 '명료성'을 가장 많이 포괄하고 있는 게 바로 육하원칙이다. 육하원칙은 사실적(寫實的)인 구체성을 보여줄 수 있으니, 사실(事實)의 현장검증 역할을 단단히 해준다. 하지만, '기사의 유형'에서 살펴본 것처럼, 육하원칙을 다 지킬 수 없는 경우도 있다. 스케치 기사나 '취재 수첩' '칼럼' 등이 그러한데, 이럴 경우엔 '5W1H' 중 주요 항목을 확보하여 논지의 밑바탕을 삼도록 한다. 그럼, 다음 예문을 읽고, 글의 주제와 '5W1H'를 가려내보자.[36] 이 예문은 '땀 흘려 일

36_   이 예문은 필자의 '미디어 글쓰기' 수강생의 실습기사이다. ('Ⅲ. 취재의 노하우' 중에서 '2. 취재의 종류' 각주 참조) 이와 같은 실습은 어느 장소에서나 가능하지만, 취재 주제와 기사 유형을 명확하게 제시해야 한다.

하는 사람'이란 주제로 작성한 인터뷰기사이다.

수입산 고기에 대해 잘 알지도 못하면서……

8일 충남 서산시 동문동 서산동부시장에 위치한 서동미트는 수입 고기만 취급하는 정육점이다. 최근 광우병 소고기에 대한 불안으로 인해 수입산 소고기의 소비가 줄어든 탓인지 서동미트엔 선뜻 고기를 사려는 소비자가 보이지 않는다. 이곳의 주인 이명철(남, 55) 씨는 "이곳의 소비자들은 농촌에 사는 사람들이 많아서 농촌 일이 바쁜 시기엔 발길이 뜸하다"고 한다. 더군다나 미국산 소고기가 이러한 현상에 한 몫 한 탓도 있다고 하였다. 서동미트는 보통의 정육점과 달리 오픈형 쇼케이스에 고기를 내놓지 않고 가게 내에 쇼케이스를 비치해 두고 있다. 게다가, 고기를 썰어서 놓지 않고 부위별로 비치해둔다. 이런 방식에 낯선 소비자들은 가끔 고기를 팔지 않는 것으로 착각하고 그냥 지나쳐 갈 때가 있다고 한다. 이명철 씨는 이런 비효율적으로 보이는 방식은 모두 청결을 위해서라고 말했다.

"고기가 쇠에 닿으면 천천히 고기의 질이 떨어지기 시작한다. 더군다나 밖에다 고기를 비치시키는 것은 고기의 질을 생각하면 좋지 못한 방법이다."

이명철 씨는 수입산 고기에 대한 기존의 생각이 모두 잘못 되었다고 꼬집어 말했다. 그는 "명품은 외국산이 최고라고 생각하는 사람들은 많지만 고기는 그런 생각이 전혀 없다. 모두 국산만 최고인지 안다."며 "외국산이라도 국산 한우보다 비싼 부위가 있으며 더 맛있을 수도 있다. 외국산이라고 모두 싼

이 기사는 수입산 소고기에 대한 일반 소비자들의 그릇된 인식을 지적해주고, 올바른 소고기 보관법 등 유익한 정보를 알려주고 있다. 기사의 문장도 정확한 편이다. 그런데 '땀 흘려 일하는 사람'이란 인터뷰 주제에서 크게 어긋나 있다. 뿐만 아니라, 글의 주제도 통일성을 잃고 있다.

'5W1H'를 따져보면, 'Who'와 'When' 'Where'는 나타나 있다. 그러나 'What'과 'Why' 'How'가 불분명하다. 기사의 핵심인 'What'이 분명치 않으니 'Why'와 'How'도 가려낼 수 없다. 이 글이 주제에 맞는 인터뷰기사가 되려면, 정육점 주인의 일상적 삶에 초점을 맞춰서 그가 정육점 운영을 하면서 겪는 고충과 애환, 보람 등을 기술해야 한다. 이 기사는 정육점 주인과의 인터뷰를 통해서 수입산 소고기에 대한 소비자의 무지와 편견을 드러내는 데 초점을 맞추고 있다. 기사의 주제가 엉뚱한 방향으로 흘러가 버린 케이스다.

(3) 정확하고 명료하게 표현하라

다시 한 번 강조하겠거니와, 기사는 시나 소설, 희곡 등의 문학작품이 아니다. '사실 전달'이란 하나의 목적을 가진 실용문이다. 따라서, 복합적인 뉘앙스나 상상을 불러일으키는 문장은 금물이다. 기사의 문장은 명확한 의미를 전달해야 한다. 이른바, "어 다르고 아 다르다"는 말이 있듯, '어'와 '아'를 철저히 구분해야 한다. 기사의 문장은 정확한 단어와 적확한 용어를 사용해야 한다. 애매모호하거나 중의적인 표현은 의미를 분산시킨다.

기사의 문장은 한자어나 외래어를 피하고, 전문용어나 약어 사용에 신중을 기해야 한다. 번역문투의 수동태를 피하고, 주어를 앞세우도록 한다. 그 이유는 뉴스의 역동성을 살리기 위해서다.

(4) 짧은 문장을 사용하라

기사는 사건·사고나 특정 사인을 구체적이고도 명료하게 전달하는 도구이다. 그 내용을 가감 없이 전달하기 위해선 가급적 짧은 문장을 사용해야 한다. 기사가 중문이나 복문으로 뒤엉킬 경우, 의미 내용도 뒤엉켜 '선명한 메시지'가 될 수 없다. 문장이 오독되거나 의미가 분산되면 기사는 생명을 잃고 만다. 따라서, 기사는 한 문장으로 한 가지 사실만을 기술하고 하나의 의미만 겨냥해야 한다. 주술 관계가 명확해야 하고, 형용사나 부사 그리고 접속사를 과감하게 줄여야 한다. 형용사나 부사는 기자의 주관적 감정을 담아내기 일쑤다. '그러나' '그러므로' '그런데' 등의 접속사는 기사의 긴장감을 떨어뜨린다. 접속사의 남발은 기자가 글의 주제를 장악하지 못한데서 비롯되는 것이다. 하나의 주제가 일관되고, 문장의 의미만 명확하면 굳이 접속사를 쓸 필요가 없어진다.

다음의 글은 종군기자 출신의 소설가 어니스트 헤밍웨이(Ernest Miller Hemingway)가 스페인 내전을 취재해 《뉴욕타임즈》에 송고한 기사의 일부다.

> 밤새도록 소총 소리가 났다. "태크롱, 캐롱, 케롱, 태크롱" 하는 소리가 났고, 이어서 기관총이 발사됐다. 기관총은 총구가 훨씬 더 컸고 소리도 컸다. "롱, 카라링. 롱, 롱." (There is a rifle all night long. The rifles go "tacrong, carong, craang, tacrong," and then a machine gun opens up. It was a bigger caliber and is much louder ~ "rong, cararing, rong, rong.")

이 기사는 일반적인 기사와 달리, 총소리를 다양한 의성어로 표현해서 전쟁터의 분위기를 미국의 독자들에게 생생하게 전하려는 현장감을 잘 담아내고 있다.

앞서 살펴본, '정확하고 명료하게 표현하라'와 '짧은 문장을 사용하라'는 모두 기사의 문장에 관한 수칙이다. 이를 염두에 두고, 다음 예문을 올바르게 고쳐보자.[37]

37_ 이 예문은 필자의 '미디어 글쓰기' 강좌 수강생들이 쓴 실습기사의 문장들을 그대로 옮겨온 것이다. 이 문장들을 올바르게 고쳐보면 다음과 같다. (1)은 문장이 장황하고, 주관적인 감정를 개입시켰다. '꽃샘추위지만 학생들의 열정은 뜨거웠다' 또는 '학생들의 열정은 꽃샘추위를 아랑곳 하지 않았다'로 고쳐야 한다. (2)는 불필요한 수식이 많고, '다른 설렘'의 뜻이 불분명하다. 일단, '모교의 조교를 맡으니'로 고쳐놓고 무엇이 설렌다는 것인지 덧붙여야 한다. (3)은 감정적인 표현에다 문장이 모호하다. 등산로 풍경이 을씨년스럽다는 것인지, 내가 을씨년스럽다는 것인지를 밝혀야 한다. (4)는 문장이 장황하고, 불확실한 추측을 늘어놓고 있다. '최근 광우병 사태 이후 서동마트에도 소비자가 부쩍 줄어들었다'로 줄여야 한다. (5)도 문장이 길다. '이곳은 농촌 지역이어서 농번기엔 소비자의 발길이 뜸해진다'로 고쳐야 한다. (6)은 불필요한 설명을 끼워 넣어 놓았다. '보통의 정육점과 달리 오픈형 쇼케이스에' '내놓지 않고'를 삭제해도 무방하다. 쇼케이스도 '진열대'로 바꿔야 한다. (7)의 '고기는 그런 생각이 전혀 없다'는 문맥상 틀린 문장이다. '명품은 외국산이 최고라고 생각하면서 소고기에 대해선 그렇게 생각지 않는다'로 수정해야 한다.

(5) 객관적 사실과 주관적 의견을 구분하라

기자는 기사를 쓸 때, 보도 내용에 따라 기사의 유형을 선택해야 된다. 스트레이트기사로 쓸 것인지, 해설기사로 쓸 것인지, 아니면 피처기사로 출고할 것인지를 구상해야 한다. 이에 따라서 기자는 '객관적 사실'과 '주관적 의견'을 명확히 구분해야 한다. 스트레이트기사나 해설기사를 쓸 땐 객관적 사실에 대해서 냉정하리만치 차가운 '중립적 거리'를 유지해야 한다. 냉혹한 관찰자이며 기계적인 보고자가 되어야 한다. 반면, 피처기사나 인터뷰를 쓸 경우엔 사실에 대한 주관적인 해석을 개입시킬 수 있다. 그러나 기사의 소재인 사실은 정확해야 하며, 이를 바탕으로 주관적 의견을 개진해야 한다. 그 의견은 논리적 타당성을 지녀야 설득력을 얻게 된다.

올챙이 기자가 그러하지만, 중견 기자도 마감 시간에 쫓기면 종종

'객관적 사실'과 '주관적 견해'를 혼동하게 되는데, 이에 대한 구분이 명확해야 한다. 그럼, 다음 예문들을 읽고, 그 특징을 비교해보자.[38]

예문 1

올림픽축구대표팀이 2012 런던올림픽 한국선수단 가운데 가장 먼저 '결전의 땅' 런던으로 출격한다. 홍명보 감독이 이끄는 올림픽축구대표팀은 14일 오후 6시 서울월드컵경기장에서 뉴질랜드와의 평가전을 출정식으로 삼은 뒤 15일 오후 런던으로 출국한다. 올림픽선수단 본진은 20일 출국한다.

사상 첫 올림픽 메달에 도전하는 '홍명보호'는 이번 올림픽 한국선수단 가운데 제일 먼저 경기에 나선다. 올림픽축구는 개막식(27일)에 앞서 조별리그가 시작된다.

한국은 26일 오후 10시 30분(한국시간) 런던 세인트 제임스 파크 경기장에서 멕시코를 상대로 B조 첫 경기를 한다. 이날 축구대표팀의 경기는 축구의 첫 메달 가능성을 가늠할 뿐 아니라 한국선수단의 사기와 국내 올림픽 분위

38_ 예문에 대한 선입관을 주지 않기 위해 기사 제목과 게재 면을 표기하지 않았다. 〈예문1〉은 「〈런던올림픽 D -14〉 "첫 판 잡아라" 홍명보 특명」이란 제목으로 《문화일보》 2012년 7월 13일자 23면(스포츠면)에 실린 기사이다. 〈예문2〉는 이미 살펴보았던 기사인데, 《문화일보》 2011년 6월 30일자 30면(오피니언-인물면)에 실린 칼럼기사이다. 이 칼럼은 '데스크 시각'이란 고정란에 「승부 조작」이란 제목으로 게재됐다. 〈예문1〉은 올림픽축구대표팀의 평가전과 런던올림픽 출국 일정, 그리고 경기 일정을 객관적으로 전달하는 전형적인 스트레이트기사다. 이에 비해 〈예문2〉는 프로스포츠에서의 승부 조작의 사례를 제시하면서, "프로스포츠 선수들의 도덕성과 자질 문제를 탓하기에 앞서 스포츠 도박의 '검은 돈'을 물리칠 근본적인 대책이 필요하다"는 기자의 주장을 담고 있다.

기 고조에 중요한 분수령이 될 전망이다.

　홍 감독은 뉴질랜드와 평가전을 런던올림픽 본선에 대비한 실전 훈련의 장으로 만들겠다는 각오다. 특히 중앙 수비의 핵심인 장현수(FC도쿄)가 무릎 부상으로 대표팀에서 빠지는 악재를 만난 터라 분위기 쇄신도 필요하다는 판단이다. 뉴질랜드는 이번 런던올림픽 본선 진출국으로 브라질, 이집트, 벨라루스와 함께 C조에 속해 있다. 한국과는 4강까지 만나지 않는다. 뉴질랜드는 국제축구연맹(FIFA) 랭킹 95위의 약체지만 지난 11일 일본과의 평가전에서 1-1로 비겨 호락호락한 상대는 아니다. (이하 생략)

박광재 기자

예문 2

　프로스포츠에서 승부 조작의 원조는 역시 프로스포츠가 가장 먼저 발달한 미국일 것이다. 특히 1940~1960년대에 프로복싱에서 심했다. 그 배후는 마피아였다. 케시어스 클레이(무하마드 알리)에게 헤비급 타이틀을 빼앗긴 소니 리스튼은 마피아가 뒤를 봐주고 있어 승승장구했다는 소문이 돌았던 선수다. 하지만 클레이가 1965년 리턴매치에서 1회전에 단 한방으로 리스튼을 KO시키자 이번엔 클레이에게도 의심의 눈초리가 쏠렸다.

　당시 텔레비전 중계화면을 보면 '잽'수준의 펀치에 리스튼이 쓰러져 다소 의혹을 살 만도 했다. 스포츠 기자들은 이 경기를 보도하면서 클레이의 주먹을 '팬텀 펀치(phantom punch·유령의 주먹)'라 불렀는데, 거기에는 경기 결과의 배경을 의심하는 야유가 담겨 있었다.

그 정도로 프로복싱에서 승부 조작이 만연했던 모양이다. 권투를 소재로 한 미국 영화에서 거의 빠지지 않고 나오는 얘기가 승부 조작이지만, 영화에서처럼 선수를 돈으로 매수하거나 심지어 권총으로 위협하는 일도 흔했다. (중략)

국내 K리그의 승부 조작 사건이 유명 선수가 연루된 것으로 드러나면서 그 파장이 수그러들지 않고 있다. 국내에서 이 같은 사건은 사실상 처음이어서 충격이 더 크다. 더구나 스포츠가 어린 학생들에게 주는 교훈이 페어플레이라는 점에서 국민들의 실망이 작지 않다.

그 원인을 놓고 엘리트 체육의 문제부터 선수들의 인성교육 부족 등 의견이 분분하다. 설득력이 없지는 않지만, 이번 사건의 본질은 '도박'에 있다. 우리 사회에 만연한 도박이 축구장까지 치고 들어온 것이다. 이를 두고 도덕성과 자질 문제를 선수들에게 들이대는 것은 돈의 유혹에 선수들은 무감각해야 한다는 처방처럼 공허하다. 그렇다면 불법 베팅과 도박 사이트 등 우리 사회 곳곳에 깊게 뿌리를 내린 도박에 대한 관계기관의 강력한 대처가 더 앞서야 한다.

엄주엽 체육부 부장대우

(6) 기사의 중요도를 예측하라

기자는 기삿거리에 대해 동물적인 감각을 가져야 한다. 출입처나 취재 현장에서 동일한 사안을 접했음에도 기사를 만들어내는 기자가 있고 그렇지 못한 기자가 있다. 뉴스거리를 판단하는 능력과 감각의 차이에서 비롯된 것인데, 유달리 기사 냄새를 잘 맡는 기자는 기사의 중요도를 잽싸게 측정해낸다. 이 기사가 오늘의 기사들 중 어느 정도 비중을 차지할 것인가를 예측해내는 것이다. 즉, 톱(Top)이냐, 사이드 톱(Side-Top)이냐, 아니면 몇 단짜리 기사가 될 것인지를 가늠해서 그 분량에 맞게 기사를 쓴다.

물론, 기사의 예측대로 기사 등급이 결정되는 건 아니다. 담당 데스크의 판단을 거쳐야 하고, 때로는 편집국장(또는 편성국장)의 결정이 있어야 한다. 그러나, 취재기자는 기사의 중요도를 예측해서 기사를 쓰는 지혜가 필요하다. 미리 지면이 예정된 연예·문화·레저·생활건강 분야도 그러하지만, 정치·경제·사회 분야에선 그날의 기사끼리 경쟁을 해야 하기 때문에 특히 그러하다.

(7) 첫 문장에 혼신의 힘을 다하라

문학작품, 특히 소설이 그러할 것이다. 첫 문장에 혼신의 힘을 다해야 한다. 신문이나 방송 기사 역시 첫 문장이 중요하다. 기사의 리드 유무(有無)에 관계없이 첫 문장은 기사 전체를 이끌어 가는 동력이 된다. 독자나 시청자의 호기심을 자극해 기사를 접하게 하고, 기사의 윤곽을 파악하게 한다. 그만큼 첫 문장은 '임팩트'가 강해야 한다.

특히 스트레이트기사가 그러하다. 역피라미드형 기사는 첫 문장이 사건의 핵심을 전하며, 다음 문장을 이끌어 간다. 첫 문장이 잘 뽑혀 나오면, 다음 문장들이 저절로 풀려나간다. 피라미드형 기사도 마찬가지다. 첫 문장이 궁금증을 유발시켜야 한다. 전주곡이 좋아야 다음 곡조를 듣고 싶어진다.

이른바 '박스형' 기사로 분류되는 해설기사나 논평, 칼럼, 인터뷰기사는 첫 문장이 대략 '기사를 쓰는 이유'를 암시하게 된다. 이러한 'Why'의 근거를 제시해 나가면 기사는 완성된다. 기사의 리드도 그러하지만, 기사의 첫 문장은 '열차의 기관차' 역할을 한다.

(8) 취재원을 밝히되, 숨겨야 할 경우도 있다

특정 사건을 보도하는 스트레이트기사를 보면, 대략 두 번째 문장(또는 문단)에서 이런 구절을 발견할 수 있다. 그러니까, '성북경찰서에 따르면' '검찰에 의하면' '청와대 관계자에 의하면'이라는 문구가 그것이다. 다음의 기사를 읽어보자.

예문

접대부 1,000명 '국내최대 룸살롱' 압수 수색 해보니…

檢, 유흥업소 명단 확보… 업계 전반 수사 확대

검찰이 단속 무마 등을 대가로 경찰에 금품 로비를 한 혐의를 잡고 국내 최대 규모의 룸살롱을 압수 수색했다. 검찰은 지난 3월 시작된 '룸살롱 황제' 이경백(40·구속 수감) 씨 수사를 통해 경찰에 정기적으로 뇌물을 상납한 유흥

업소 리스트를 확보한 것으로 전해졌다. 이에 따라 경찰과 유흥업계 유착에 대한 검찰 수사가 유흥업계 전반으로 확대될 전망이다.

6일 검찰에 따르면 서울중앙지검 강력부(부장 김회종)는 최근 두 차례에 걸쳐 서울 강남구 S호텔 내에 있는 룸살롱 '어제오늘내일'에 대해 압수 수색을 벌이고 관련자들을 소환 조사했다. S호텔 지하 1~3층을 사업장으로 사용하고 있는 이 룸살롱은 룸 개수만 180개에 달하고 근무하는 여성 접대부가 1,000명에 이르는 국내 최대 규모 룸살롱으로 상납 혐의가 확인될 경우 파장이 만만치 않을 것으로 관측된다.

검찰은 현재 구속 수감 중인 이 씨와 이 씨에게 금품을 상납받은 경찰관들로부터 "이 룸살롱 실소유주인 김모씨가 정기적으로 경찰에 돈을 상납했다"는 취지의 진술을 확보한 것으로 알려졌다. 검찰은 김 씨 측이 수사에 협조하지 않을 것에 대비해 탈세, 성매매 혐의 등에 대해서도 조사를 벌이고 있으며 이를 위해 이 업소 고객들을 참고인 자격으로 불러 진술을 듣고 있다. (이하 생략)

박수진·현일훈 기자

《문화일보》 2012년 7월 6일자9면(사회면)

위의 예문의 두 번 째 문단은 "6일 검찰에 따르면"으로 시작하고 있다. 바로 기사의 출처, 즉 취재원을 밝히고 있다. 그리고 이어서 '서울중앙지검 강력부(부장 김회종)'라고 취재원을 좀 더 구체적으로 밝힌다. 이처럼, 모든 기사는 취재원을 밝힘으로서 객관성과 정확성, 그리고 신뢰성을 확보한다.

그런데, '서울 강남구 S호텔'이란 문구에선 'S'라는 이니셜만 나타나 있다. 기사의 구체성을 생각한다면, 호텔 이름까지 밝혀야 할 것이다. 그러나 'S'라고만 표기되어 있다. 그 이유는 뉴스 출처가 아닐뿐더러 사건의 직접적인 당사자가 아니기 때문이다.

　뉴스 보도로 인해 제삼자의 피해가 예상될 경우, 이와 같은 방식을 쓴다. 텔레비전 방송이 특정 인물을 보도하면서 가명을 내세우거나 얼굴을 모자이크 처리하는 것도 이와 같은 이유에서다.

　취재원의 신분을 밝힐 경우, 그 사람의 성명을 표기하고 괄호 안에 나이와 직업 등을 기입한다. 한글을 먼저 쓰고 괄호 안에 영자나 한자 이름를 표기한다. 취재원의 코멘트는 큰따옴표로 표기한다. 기자가 뉴스의 출처를 밝히는 것은 보도로 인해 자신에게 발생할 위해 요소를 막기 위한 '방어막'이자 '비상구'를 마련하는 행위이기도 하다.

(9) 사진이나 통계, 도표를 활용하라

　바야흐로 광속(光速)의 '첨단 영상 시대' '멀티미디어 시대'이다. 어느덧, 공중파 텔레비전 방송까지 속보 경쟁에서 밀리는 시대가 되었다. CNN이나 YTN 등 24시간 뉴스 채널과 인터넷 보도 매체들이 실시간으로 뉴스를 보도한다. 사정이 이렇다 보니 기존의 활자 매체는 뉴스에 대한 논평이나 '뉴스 뒤의 뉴스'를 강화하게 되었다. 해설기사나 탐사기사, 논평기사가 그것이다.

　이때 필요한 것이 뉴스를 증빙하는 자료들이다. 사진이나 통계, 도표가 그 역할을 맡는다. 이 자료들은 비주얼한 시대에 걸맞게 '보는 즐거움'을 선사한다. 스포츠나 레저기사의 컬러 사진 기사들이 갈수록 그 영역을 넓혀가고 있다. 신문의 전면을 아예 사진 기사로 채우는 일도 허다해졌다. 불과 몇 년 전까지만 해도 상상치 못한 일이다. 텔레비전 방송까지 사진이나 통계, 도표를 통해 시청자의 눈길을 끈다. 공인된 기록이나 수치의 정확성을 통해 뉴스의 신뢰도를 높이겠다는 의도이다.

뉴스 수용자는 시각적인 기록물을 신뢰한다. 통계나 도표를 제시하면 고개를 끄덕거린다. 예컨대, 숫자란 어디까지나 추상적인 개념에 불과하지만 마케팅 전략에서도 숫자가 활용된다. 종전과 동일한 물품이지만 '0.5' '6.9' 등의 숫자를 상품 이름이나 광고에 넣으면 매출이 부쩍 는다고 한다. 이러한 시각적 자료들은 뉴스를 시각적으로 해설하고 보충해준다. 뉴스 수용자를 위한 서비스이기도 하다.

(10) 후속 보도를 생각하라

기자들 사이에 "울궈먹는다(우려먹는다)" "두고 두고 파먹는다"란 말이 있다. 특정 사건을 한 번 보도한 뒤, 후속 보도를 내는 경우를 말한다. 기자는 뉴스를 선점하는 '단독 보도'나 '특종'을 최우선시해야 하지만, 이미 보도된 사실일지라도 뒤를 캐야 한다. 그러다 보면, 예상 밖의 대어(大魚)를 낚는 수가 있다. 1987년 '박종철 고문치사' 사건 보도는 맨 처음 '치안본부에서 조사를 받던 한 대학생이 사망했다'는 2단짜리 짤막한 기사에서 시작됐다. 경찰은 "치안본부 조사실에서 조사를 하던 도중 책상을 '탁' 치자 '억' 하고 쓰러져 병원으로 옮겼으나 사망했다"라고 발표했다. 그러니까, '단순 쇼크사(死)'라는 것이었다. 기자들은 이 사건을 파고들기 시작했고, 후속 기사가 잇달아 터져 나왔다. 사건의 전모가 밝혀지면서 이 사건은 '6월 항쟁'의 도화선이 됐고 '5공 몰락'의 기폭제가 되었다.

최근의 '한일 정보보호협정' 파동(2012년 7월)을 비롯해 '저축은행 비리' 사건, '광우병' 사태, '황우석' 파동 등은 모두 후속 보도가 이끌어 낸 작품들이었다. 후속 보도는 기존 뉴스의 시각을 비판하고 조정하고 종합한다. 후속 보도는 기존의 모든 뉴스를 취재 대상으로 한다. 후속 보도는 그 자체로서 '새로운 기사'이자 또 다른 기사의 출발점이 된다. 그럼, 다음 예문 기사를 읽고, 기사의 핵심을 파악하여 보도된 순서를 알아보자.[39]

검찰은 이 중 돈을 받고 승부를 조작한 혐의(국민체육진흥법 위반 등)로 전 제주 선수 김 모(24) 씨와 선수를 협박한 조직폭력배 박 모(25) 씨 등 2명을 구속 기소하고 7명을 불구속 기소했으며 4명을 기소 중지했다.

추가로 밝혀진 승부 조작 경기는 지난해 경남, 제주, 상무의 4개 경기로 제주-서울전(6월6일), 경남-서울전(10월9일), 제주-서울전(10월27일), 상무-전남전(11월3일) 등이다. (이하 생략)

창원 = 박영수 기자

예문 2

'토토식 복권'에서 거액의 배당금을 노려 프로축구 선수들을 돈으로 매수한 브로커와 전 프로축구 선수가 검찰에 덜미를 붙잡혔다. 프로축구 선수 2명은 승부 조작의 대가로 브로커에게 각각 1억 원 이상의 돈을 챙긴 사실이 드러나 충격을 주고 있다.

K리그 안팎에서 공공연하게 퍼져 있던 '토토식 복권' 승부 조작 브로커들에 의한 선수 매수와 선수들의 개입설이 사실로 확인되면서 축구계에 커다란 파장이 예상된다.

경남 창원지검 특수부(이성희 부장검사)는 프로축구 선수들을 돈으로 매수해 승부를 조작하게 지시한 뒤 스포츠 복권에 거액의 돈을 걸어 부당한 이득을 챙긴 혐의로 브로커 김 모 씨와 프로축구 한 구단 미드필더 출신 또 다른 김 모 씨 등 2명을 구속 수사 중이라고 밝혔다.

김 씨는 최근 열리고 있는 '러시앤캐시컵 2011' 리그의 경기에 출전한 한

축구구단 소속 골키퍼 A 씨와 또 다른 구단 소속 미드필더 B(25) 씨에게 각각 1억원과 1억2000만원을 제공한 것으로 확인됐다. (이하 생략)

유민환 기자

예문 3

최성국(29)의 축구 선수 생활이 영원히 중단된다. 한국프로축구연맹은 16일 국제축구연맹(FIFA)이 승부 조작으로 국내 프로축구에서 영구 제명된 최성국의 모든 선수 활동을 세계적으로 정지시킨다는 결정을 내렸다고 밝혔다.

최성국은 지난해 승부 조작에 가담한 사실이 밝혀져 국내 축구계로부터 영구제명 징계를 받았다. 이에 최성국이 국내를 피해 마케도니아리그 FK 라보트니키로 이적을 추진, FIFA로부터 임시 이적 동의서를 받아 논란이 됐었다. 하지만 FIFA의 이적 동의서 발급은 말 그대로 '임시'였다.

FIFA는 최근 세계적으로 승부 조작 문제가 대두되고 있는 가운데 지난 8일 FIFA 징계위원회를 통해 최성국에게 부과된 국내의 영구제명이 전 세계적으로 유효하다는 결정을 내렸다. (이하 생략)

39_ 기사에 관한 정보를 주지 않기 위해 제목과 보도 일자를 표기하지 않았다. 이를 밝히면, 〈예문1〉은 「'K리그 승부 조작' 선수 13명 추가 적발」이란 제목으로 《문화일보》 2011년 8월 3일자 7면(사회면)에 보도됐다. 〈예문2〉는 「프로축구 '승부 조작 매수' 단독 확인/檢, 복권 배당금 노리고 선수 2명에 2억여 원 제공 확인」이라는 제목으로 《문화일보》 2011년 5월 25일자 8면(사회면)에 보도됐다 〈예문3〉은 「FIFA서도 최성국 영구제명」이란 제목으로 《문화일보》 2012년 3월 16일자 22면(스포츠면)에 보도됐다. 〈예문4〉의 기사는 「승부 조작 축구 선수 3명에 집행유예-사회봉사명령」이란 제목으로 《문화일보》 2011년 12월 29일자 8면(사회면)에 보도됐다. 이를 보도된 순서대로 나열해보면, 〈예문2〉 〈예문1〉 〈예문4〉 〈예문3〉이 된다.

V

미디어 글쓰기의 활용

일반적으로 글은 크게 실용문과 문예문으로 나눈다. 문예문이 시, 소설, 수필, 희곡 등 창작자 개인의 문학작품을 의미한다면, 실용문은 일상생활을 하면서 실질적이고 구체적이며 공식적인 용도로 쓰이는 글을 말한다. 실용문은 일상생활 전반에 걸쳐져 있는 글이기 때문에 그 범위를 쉽게 규정할 수 없다. 그리고 종류도 다양하다. 가볍게는 자기소개서나 기행문, 보고서 등의 개인적인 글쓰기에서부터 전기문이나 르포, 스토리텔링 등 공적인 글쓰기에 이르기까지 그 종류가 다양하기 이를 데 없다.

이 장에선 르포와 다큐멘터리, 그리고 스토리텔링 글쓰기를 살펴보고자 한다. 이를 논픽션(nonfiction) 글쓰기라고 칭할 수 있는데, 실제 사건(incident)이나 사실(fact)이 글의 소재가 되고, 이를 바탕으로 그 내용이 기술되고 재구성되기 때문이다. 그러나 사실상, 논픽션 글쓰기는 아직 그 정의가 명확하게 규정되어 있지 않고, 글 쓰는 방법도 정돈되어 있지 않다. 다만, 논픽션 글쓰기는 글의 특성상 앞 장에서 살펴본 보도기사 쓰기가 가장 기본적인 원칙이 된다고는 말할 수 있다.

논픽션의 글은 매스컴의 기사 못지않게 현대사회를 움직이는 주요한 동력이다. 우리가 접하는 뉴스의 홍수처럼, 현대인들은 이러한 글도 수시로 보고 들어야 한다. 가령, 문화유적을 답사할 때, 거기서 듣는 해설은 스토리텔링 대본에서 비롯된 것이다. 문화유적이나 관광지의 안내문도 마찬가지다. 누군가가 자서전을 쓰거나 이를 대필하는 것도 다큐멘터리 글쓰기에 해당된다. 이와 같은 글쓰기의 취재방법과 원고 작성법을 익혀보기로 하자.

1

르포 글쓰기

(1) 르포 글쓰기의 정의

'르포'란 프랑스어인 르포르타주(reportage)의 줄임말로 '탐방' '보도' '보고(報告)'를 뜻하는 말이다. 처음엔 사회 현상을 기록하여 신문이나 방송, 잡지 등에 보도하는 '보고기사'를 의미했으나 그 범위가 확대되어 '다큐멘터리 사진' '기록영화'를 포함하게 되었다. 르포는 허구가 아닌 실제의 사건을 기록한 문장이기 때문에 '기록문학(記錄文學)'이란 의미도 지니고 있다. 르포는 종종 논픽션과 같은 개념으로 쓰이는데, 굳이 이를 구분하자면 논픽션이 포괄적인 개념인데 비해 르포는 저널리즘적 성격을 지닌다.

르포기사는 제1차 세계대전 후 교통과 매스컴의 발달과 더불어 현지의 정치·사회의 문제를 생생하게 묘사하여 대중에게 알리는 글이

유행하자 그 중요성이 부각되었고, 1960년대 이후 새로운 저널리즘의 대표적인 기사 유형으로 등장했다. 특히 최근엔 영상문화의 발달과 더불어 텔레비전 방송의 르포 프로그램이 급증하고 있다. 국내 방송사의 프로그램 중 MBC의 〈PD수첩〉이나 KBS의 〈추적 60분〉, SBS의 〈그것이 알고 싶다〉 등이 대표적인 르포 형식의 프로그램이다. 이러한 르포는 단발성 뉴스에 담아내지 못했던 사안들을 심층적으로 취재하여 뉴스 수용자의 궁금증을 풀어주는 한편 특정 사실의 진상을 파헤치는 목적을 지닌다.

일반적으로 르포는 두 종류로 나눈다. 하나는 현장르포이고 다른 하나는 사건르포이다. 현장르포는 특정 사건이 벌어진 장소를 무대로 사건의 안팎을 취재해서 보도하는 방식이다. 현장르포는 주로 전쟁이나 자연재해, 폭동, 대형 사고가 발생했을 때 이를 취재한 글이 되겠다. 이를테면, 2011년의 일본 쓰나미 사태, 2010년의 칠레 광부 매몰 사고 등이 그것이다. 국내의 경우엔 2012년 제주 해군기지 건설 발파 현장을 취재한 기사를 비롯해 천안함 침몰 2주년을 맞아 서해 초계함 훈련 현장을 담아낸 기사가 여기에 해당된다.

사건르포는 특정 사건이 발생했을 때, 여기에 관련되는 주위의 크고 작은 사실이나 전례를 종합적으로 취재하여 보고하는 형식이다. 예를 들면, 구제역 매몰지의 실상이나 학교폭력의 실태, 추석 제수거리 폭등 원인 등을 다룬 기사가 여기에 속한다.

르포의 생명은 '현장'에 있다. 르포 글쓰기의 출발점과 종착역은 사건·사고의 현장이다. 다시 말해, 사건·사고나 핫이슈의 현장을 얼마나 생생하게 전달하느냐가 르포의 핵심이 된다는 것이다. 이 점이 바로 다큐멘터리와 구별되는 지점이다. 르포가 사건 당시의 현장 탐사를 목적으로 한다면, 다큐멘터리는 통시적인 추적을 통해 특정 사안을 심층 보도한다. 이러한 르포기사는 신문 보다는 잡지에 주로 쓰인다. 그럼, 르포기사의 특성과 기사 작성법을 알아보자.

(2) 르포 글쓰기, 체크 포인트

① 기획으로 승부하라

르포기사는 이미 보도된 뉴스의 이면과 진상을 파헤치는 탐사기사이다. 스트레이트기사가 '직선적 일면성'을 특징으로 한다면, 르포기사는 '곡선적 다면성'을 지닌다. 르포기사는 일분일초를 다투는 보도기사가 아니다. 따라서, 속보 경쟁을 벌이지 않아도 된다. 그 대신 기획이 중요하다. 첫 단추를 잘 꿰어야 한다. 글의 소재들은 이미 공개되어 있다. 그러므로 어떤 소재를 선택해야 하느냐는 문제가 대두된다. 이때, 기존의 사건·사고에 대한 심층적인 이해와 해석이 필요하다. 유적지나 관광 명소를 소개하는 글도 르포의 일종이지만, 주변의 단순한 사실이 아닌 사회적 이슈거리를 다룰 때, 르포는 가치가 커진다. 르포는 '뉴스 뒤의 뉴스'이지만, 그 시의성과 영향성을 고려해야 한다. 일단 글의 소재가 정해지면, 어떤 문제의식으로 소재에 접근할 것인지 그 태도를 결정해야 한다. 이때의 남다른 문제의식이 글의 주제가 된다. 이러한 주제는 사건·사고를 새롭게 해석하려는 시각에 의해 결정된다. 여기엔 특정 사건으로 인해 돌출된 사회 현실에 대한 비판적 안목이 개입된다.

　주제가 결정되면, 주제를 부각시킬 방법을 찾아야 한다. 소재를 다시 취재하는 방법은 물론 소재를 가공하는 방법을 궁리해야 한다. 현장 답사를 통해 아이디어를 얻고, 문헌 자료나 인터넷상의 정보를 입수하는 등 사전 준비를 철저히 해야 한다. 그리고 현장 취재를 행하게 되는데, 이러한 맥락에서 르포기사는 기획물이다. 기획물은 아이디어에 의해서 가치를 평가받는다.

② 기사의 유형을 염두에 두자

　르포기사는 그 무엇보다도 현장 사실감이 살아야 있어야 한다. 이를 생생하게 전달하기 위해서 서두에 취재 일시와 장소, 취재 일정을 밝히는 경우가 많다. 현장을 스케치하듯 기사를 시작하고, 본문 역시 현재 시점으로 상황을 묘사한다. 취재자의 개별적 상황을 앞세워서 기사를 써내려 가는 셈인데, 이러한 기사 쓰기에는 두 가지 유형이 있다. 혼합형과 다이아몬드형이 그것이다. 혼합형 기사는 서두에 전체 내용을 요약하고 그 다음부터 시간 차 순으로 취재 사항을 나열한다. 분량이 긴 기사를 게재하면서 독자의 눈길을 끌어야 하기 때문이다. 다이아몬드형 기사는 다소 밋밋하게 글을 시작해 글의 중간 부분에 이르러 기사의 핵심을 전한다. 그렇게 클라이맥스를 장식하고, 추가 정보를 보탬으로써 글을 종결시킨다.

　이런 두 가지 유형 중 어느 쪽이 글의 주제를 잘 살릴 수 있는지를 판단해야 한다. 어떤 경우에든 특정 사안의 원인과 결과, 향후 전망을 밝혀야 한다. 그리고 현장에서 취재한 새로운 사실을 강조해둬야 한다.

③ 인상적인 리드를 앞세우자

르포기사는 대개 현장의 모습을 리드로 앞세운다. 기자가 목격한 풍경 가운데 기사를 쓰는 목적에 부합하는 장면을 앞세운다. 이 장면은 기사의 내용을 상징적으로 담아내는데, 때로는 본문의 일부 문장을 서두에 내세우기도 한다. 또 인터뷰한 인물의 말이나 책의 한 구절을 첫머리에 던져놓기도 한다. 이러한 리드는 독자들에게 강렬한 인상을 줘서 기사를 읽게 하기 위해서다.

이러한 리드는 '열차의 기관차'에 해당된다. 기관차는 열차의 맨 앞에서 수십 대의 객차를 이끈다. 기관차의 동력이 시원찮으면 열차 전체가 제대로 움직이지 못한다. 특히 르포기사는 분량이 녹록찮은 기사이기 때문에 리드가 중요하다. 리드는 기사 작성은 물론 기사를 읽게 하는 데도 역할을 한다.

기사에도 핵심이 있듯, 리드에도 초점이 있어야 한다. 기사 내용에 따라 인물을 강조해야 할 경우가 있고, 시간이나 장소에 포인트를 둬야 할 경우가 있다. 또 사건의 원인을 던져놓기도 한다. 이처럼 기사의 리드는 '5W1H' 중 가장 중요한 요소를 택해서 기사의 방향을 지시하고 독자의 궁금증을 불러 일으켜야 한다.

④ 문학적 표현으로 악센트를 주자

　르포는 보고기사이면서 기록문학에 속한다. 보도기사는 취재 내용을 객관적으로 전하는데 그치지만 르포기사는 현장 체험의 느낌을 주관적으로 기술할 수 있다. 해설기사나 의견기사처럼 사안에 대한 가치판단이 허용된다는 것이다. 이때, 문학의 드라마적 기법이 쓰인다. 그 네 가지 중 첫 번째 항목이 '장면 구성(scene by scene construction)'이다. 사건 현장의 특정 장면을 부각시키거나 묘사하는 방식은 독자들을 사건의 본질에 접근하도록 이끌어 준다. 이와 함께 '대화의 전면적 기록(full record of dialogue)'은 사건 당사자들의 진술을 통해 사건의 진실을 다각도로 파헤치기 위한 방법이다. 이러한 대화는 극적 효과를 높여준다. 이때, '제삼자적 관점(third person point of view)'도 필요하다. 제삼자의 눈으로 사안을 살피게 함으로써 사건을 객관화시킨다. 이에 따라 기사가 설득력을 얻게 된다. 게다가, '시간별 세부 묘사(detailing of descriptive incidental)'는 사건 발생의 순간들을 재구성함으로써 독자들이 스스로 정보를 조립하고 진실을 통찰할 수 있도록 해준다.

　이처럼 기자는 르포기사를 쓸 때 자신의 감정을 직접 토로하기 보다는 독자의 감정을 불러일으키도록 한두 마디의 논평을 가하더라도 객관적 사실을 바탕으로 해서 의견 제시를 해야 한다. 사실 자체를 과장하거나 왜곡시키면, 기사는 거기서 생명을 잃고 만다.

⑤ 인터뷰가 르포를 돋보이게 한다

앞서 살펴본 것처럼, 사건 당사자의 진술과 제삼자의 증언은 사건을 심층적으로 드러내기 위한 방법이다. 이때, 가급적 다양한 인물을 등장시켜야 한다. 특히 사회적 쟁점이 되는 취재거리일 경우, 여러 계층의 인물을 취재해야 한다. 독자들이 취재원의 진술을 통해 사안을 판단하도록 해기 위해서다. 인터뷰를 통해 얻어낸 말은 기자의 서술보다는 신뢰성을 지닌다. 뿐만 아니라, 사건의 여러 각도를 보여주면서, 독자를 기사 안으로 끌어들인다. 최종적으로는 기사의 설득력을 확보해준다.

인터뷰 방식은 일반적인 인터뷰와 동일하다. 대상자에 대한 예비지식을 갖춰야 하고 질문 문항을 미리 작성해둬야 한다. 물론, 현장에서의 우발적인 인터뷰도 허용된다. 취재 주제에 따라 명료하게, 눈높이에 맞춰서 효과적으로, 한 가지 사안씩 짤막하게 질문해야 한다. 취재 도중이나 기사 작성 때 의문점이 생기면 보충 질문을 해야 한다. 끝으로, 취재원의 신분을 밝혀놓음으로써 기사의 신뢰도를 얻도록 한다.

⑥ 다양한 시각적 자료를 제시하라

독자나 시청자들은 확실하고 명료한 자료를 좋아한다. 사진이나 통계, 도표 등이 그것이다. 이 자료들은 비주얼한 시대에 걸맞게 '보는 즐거움'까지 선사한다. 요즘 신문을 펼치면, 사진이 글자보다 더 크고 넓게 분포되어 있다. '말하지 않고 보여주기(show don't tell)' 위해서다.

르포기사는 더더욱 그러해야 한다. 사진이나 글로 현장성을 최대한 살려야 한다. 더욱이 요즘은 아예 '사진 르포'나 '영상 다큐멘터리'가 사건 보도를 대신하기에 이르렀으니, 기자는 현장 취재를 하면서 현지 사진은 물론 관련 통계나 도표를 일찌감치 챙겨둬야 한다.

뉴스 수용자들은, 움직이는 영상보다 고정적인 자료를 더 신뢰한다. 최근 들어 텔레비전 방송이 뉴스 화면을 내보면서 사진이나 통계, 도표를 보여주는 사례가 급증하는 이유도 여기에 있다. 공인된 기록과 수치를 활용하는 셈이다.

2

다큐멘터리 글쓰기

(1) 다큐멘터리 글쓰기의 정의

다큐멘터리(documentary)는 기록으로 남길 만한 사회적·역사적 사건을 허구적 요소 없이 담아내는 기록물이다. 이 용어는 '여행의 기록'을 의미하는 프랑스어 '도큐망테르(documentaire)'에서 나온 말로 영국의 기록영화 작가인 존 그리어슨(John Grierson)이 1926년에 처음 사용했다. 이후 텔레비전·라디오·영화·신문·잡지 등에 폭넓게 수용되고 있는데, 글로 표현되면 '기록문학'이라고 말하고 영상물로 방영되면 '기록영화'라고 말한다. 문화유적이나 사건 현장을 취재한 르포나 보고문(報告文), 특정 인물의 일대기를 담은 전기문(傳記文)도 여기에 속한다.

다큐멘터리는 일반적으로 자연 다큐멘터리, 휴먼 다큐멘터리, 시사 다큐멘터리로 구분된다. 그러니까 다큐멘터리는 인간의 행동이나 생활상, 사건 현장, 자연현상, 그리고 역사적 사건을 주요 소재로 삼는다. 이러한 소재를 통해 인간 삶의 진실을 규명해내는데, 대부분 교육적이고 계몽적인 메시지를 전한다. 다큐멘터리 작가의 가치 평가가 개입된 것이다. 이런 맥락에서 다큐멘터리는 객관적이면서도 객관적이지 않다.

미국의 다이렉트 시네마 작가인 앨버트 메이즐스(Albert Maysles)는 세상에는 두 가지 진실이 있다고 했다. 즉, 본래의 소재가 가지고 있는 '그 자체의 진실'과 본래의 소재를 가지고 만든 '인공적 진실'이 있다는 것이다. 다큐멘터리는 이 두 가지 진실의 한가운데 서 있으며, 두 진실이 충돌되는 지점이다. 다큐멘터리가 '본래의 진실'을 형상화시키면 그 진실이 훼손되기 쉽고, '본래의 진실'을 담아내지 않으면 그 진실은 의미를 잃어버린다. 따라서, '본래의 진실'을 최대한 살려내는 게 다큐멘터리의 숙명적 과제이다.

다큐멘터리가 '인공적 진실'에 해당되는 교육적·계몽적·문화적인 가치를 지향할 때, 다큐멘터리 작가의 작가 정신이 필요하고, 기술(記述) 방법이 중요해진다. 다큐멘터리 작가는 작품의 해설자(narrator)이기도 한다. 텔레비전 영상물의 경우, 해설자를 따로 내세우지만 작품 내용 전체를 파악하고 서술하는 주체는 구성 작가이다. 다큐멘터리 작가는 독자나 시청자의 이성에 호소하고 감성을 자극하는 스토리텔링을 만들어야 한다. 사실의 재구성을 통해서 상대방을 설득하고 그 행동을 변화시켜야 하기 때문이다.

다큐멘터리는 기존의 사실을 재구성한 이야기이며, 이야기 형식을 지닌 서사물이다. 그렇다면, 사실을 어떻게 재구성해야 하는 것일까? 그리고 어떤 표현 방식을 사용해야 할 것인가? 다큐멘터리는 전달 매체의 특성에 따라 구성과 표현 방식이 다르다. 기본 원칙은 대동소이하다. 이를 다섯 개의 항목으로 나누어서 살펴보도록 하자.

(2) 다큐멘터리 글쓰기, 체크 포인트

① 처음과 끝이 인상적이어야 한다

모든 미디어 글쓰기가 그러하듯이, 다큐멘터리 또한 주제가 명확해야 한다. 객관적 사실을 재구성하는 이유도 사실은 통일된 주제를 도출하기 위해서다. 취재한 내용은 언제나 한정적이다. 게다가, 그 내용은 다양한 의미를 내포하고 있다. 따라서, 다큐멘터리의 원고 또한 단일한 주제를 뽑아내야 한다.

다큐멘터리 원고는 시작과 끝을 동시에 만들어야 한다. 주제를 암시하는 내용으로 서두를 시작하되, 그 내용을 인상 깊게 제시해야 한다. 텔레비전 방송의 경우엔 프로그램 기획 의도를 인상적으로 전달하면 되겠다. 그리고 주제를 강조하면서 마무리를 하면 되겠는데, 시작과 끝을 동시에 만드는 이유는 두 가지다. 프롤로그가 수용자의 궁금증을 끌어들이기 위해서라면, 에필로그는 전체의 내용을 환기시키며 마지막으로 메시지를 강렬하게 전달하기 위해서다. 이러한 프롤로그는 보도기사의 리드에 해당되고, 에필로그는 르포기사의 마무리와 유사하다.

이 두 가지를 만들면, 이야기 구성의 반을 끝냈다고 할 정도다. 특히 텔레비전 방송용 다큐멘터리는 시작 오 분 내에 시청자의 호기심을 끌어들이지 못하면 채널은 곧장 다른 곳으로 돌아간다. 이렇게 스토리를 여닫는 형식은, 설화나 판소리 등 전통적인 이야기 마당처럼 수용자를 현실로 되돌아가게 만든다. 이와 동시에 현실적 각성을 촉구하는 기능을 지닌다.

② 이야기의 강약을 조절해야 한다

다큐멘터리의 구성은 산으로 산맥을 만드는 일과 같다. 이야기의 정점을 향하여 크고 작은 에피소드를 만들어 나가야 한다. 처음부터 산맥의 최고봉에 서서 깃발을 흔들어선 아니 된다. 핵심적 주제를 서서히 드러내야 한다. 보도기사에 견주어 말하자면, 피라미드형을 취해야 한다. 다이아몬드형도 무방하다. 다큐멘터리는, 텔레비전으로 방영된 '에베레스트산 등정' 기록물처럼 크고 작은 구릉을 지나 정상에 이르러야 한다. 그것처럼, 크고 작은 이야기의 골짜기를 만들어야 한다. 스토리의 긴장과 이완을 반복하며 자연스러운 흐름을 만들어야 한다. 그래야만 수용자가 군데군데 쉬어 가면서 주의를 집중시킨다. 이완이 긴장을 강화시킨다. 극영화나 연극, 텔레비전 드라마도 이런 기법을 쓴다.

이때 주의할 점은 수용자의 감정적 흐름을 놓치지 말아야 한다는 것이다. 스토리가 엉뚱한 길로 빠져들거나 산만하게 흩어지게 하면

안 된다. 크고 작은 스토리를 배열하되, 알피니스트들이 우회를 하면서 정상을 향하듯, 이야기의 구심점을 잃지 않도록 해야 한다. 스토리를 구성하는 일은 한 장의 종이에 설계도를 그리는 것과 같다. 스토리의 흐름을 기승전결 방식으로 구축해 나가되, 상투적인 포물선은 지루하다. 기승전결의 완만한 포물선을 그리되, 지그재그 궤도를 가미하는 게 좋다.

③ 짧은 문장으로 생동감 있게 표현하라

영상 다큐멘터리도 그러하고, 전기문 형식의 기록물도 마찬가지다. 객관적 사실을 전달하는 게 목적인 만큼 문학적 표현을 구사하지 않는 게 원칙이다. 가급적 짧은 문장을 사용해서 문장의 내용을 효과적으로 전달해야 한다. 영상 다큐멘터리는 그 화면이 나레이션보다 더 많은 이야기를 전해준다. 따라서, 간략하고 인상적인 멘트를 던지는 게 중요하다. 나레이션은 화면을 보충하는 해설의 기능을 지니고, 장면과 장면을 하나의 줄거리로 이어주는 브리지(bridge) 역할을 맡는다. 그러므로 나레이션이 화면을 앞서가서는 안 된다. 영상과 말이 밀착되도록 해야 한다.

나레이션은 다큐멘터리의 현재적 의미를 부여하는 주요한 기능을 지닌다. 즉, 기록된 이야기의 초점을 제시하고 전체의 줄거리를 완성시키는가 하면 그 의미를 극대화시킨다. 이때, 문장이 길어지거나 중문·복문이 되면 의미 전달이 어려워진다. 짧고 생동감 있는 구어체를 사용하도록 한다. 전기문 형식의 기록물은 여기에서 좀 자유롭다.

일상적 구어체는 기존 사실의 현실적 의미를 강화시키며, 수용자와의 친밀감을 나타낸다. 이때, 일상적인 관용어나 속담을 곁들이면 스토리가 더욱 효과적으로 전달된다.

④ 화법과 어조를 미리 결정해야 한다

다큐멘터리도 넓게 보면 스토리텔링의 일종이다. 기존의 사실을 재구성하여 독자나 시청자에게 말하는 형식이다. 따라서, 수용자에 알맞은 화법과 어조를 미리 결정해야 한다. 주된 수용자의 계층에 따라 서술의 방식이 달라져야 하기 때문이다. 전문가 집단을 향한 말이 다르고, 초등학교 학생의 눈높이에 맞춘 말이 다르다는 얘기다.

이러한 서술 방식은 다큐멘터리의 종류에 따라 결정되기도 한다. 일반적으로 영상 다큐멘터리에서는 삼인칭 주어를 많이 사용하지만, 삼인칭 주어와 일인칭 주어를 함께 쓰기도 한다. 등장인물을 객관적으로 서술할 때는 삼인칭을 쓰고, 등장인물이 직접 해설자로 등장할 경우엔 일인칭 주어를 쓰기 마련이다. 그러니까, 이러한 상황을 가정해서 상대방에게 말하듯이 대본을 써야 한다는 뜻이다.

이러한 서술방식은 또 다큐멘터리의 유형에 따라 달라진다. 이를테면, 자연 다큐멘터리는 밝고 싱그러운 문장이 좋겠고, 휴먼 다큐멘터리는 다소 감성적인 문체, 그리고 시사 다큐멘터리는 딱딱한 건조체가 제격일 터이다. 기록물의 내용을 부각시키고 주제를 강화하기 위한 방편들이다.

⑤ 논증의 자료를 제시해야 한다

다큐멘터리도 르포물처럼 현장 취재가 원칙이지만, 그게 여의치 못했을 경우 난감한 처지에 빠지고 만다. 현장 취재를 했더라도 수용자에게 사건·사고의 리얼리티를 객관적으로 보여줘야 한다. 그리고 주관적 견해를 피력해야 한다. 그래야만 하나의 작품으로써 다큐멘터리가 설득력을 얻는다. 모든 다큐멘터리에는 핵심적 주제, 즉 메시지가 있다. 이 메시지를 가장 정확하게 전달하는 방법은 논리적으로 증명하는 것이다. 논지를 조리 있게 펼쳐야 한다는 얘기다. 그 방법은 인물 인터뷰를 비롯해 다양한 자료를 통해 동원하는 것이다.

역사물 글쓰기 교본인『역사 글쓰기, 어떻게 할 것인가』(리처드 마리우스·멜빈 E. 페이지 지음, 남경태 옮김, 휴머니스트 펴냄, 2010)는 '논지를 살리는 4가지 글쓰기 양식'으로 '이야기' '서술' '해설' '설득'을 꼽고 있다. 여기에 비춰서 살펴보면, 인물 인터뷰는 '이야기'와 '설득'을 동시에 사용하는 것이다. 인터뷰는 사건 당사자나 주변 인물을 통해 특정 사안을 복원시켜주는 논증적 자료들이다. 따라서 가급적 다양한 인물을 등장시키는 게 좋다. 특히 그 내용이 사회적 쟁점이 되는 핫이슈일 경우, 여러 계층의 인물을 취재해야 한다. 다큐멘터리 작가는 취재원의 진술을 열거함으로써 시청자나 독자의 신뢰성을 확보한다.

이와 함께 다큐멘터리 작가는 사진이나 통계, 도표 등의 시각적 자료를 챙겨둬야 한다. 영상물로 방영되는 다큐멘터리도 마찬가지다. 공인된 기록이나 수치를 제시하면, 그만큼 설득력이 강해진다. 이와 같은 자료들은 논지를 시각적으로 '서술'하고 '해설'해준다.

3

스토리텔링 글쓰기

(1) 스토리텔링 글쓰기의 정의

스토리텔링(storytelling)이란 말은 '이야기(story)'와 '말하다(tell)'에 현재진행형을 의미하는 'ing'를 결합시킨 용어이다. '이야기'란 객관적 사실을 인간의 감정으로 포장한 하나의 틀(frame)이다. '이야기'가 하나의 틀에 갇힌 정적인 대상물이라면, '이야기 하기'는 동적이고 구체적인 상태를 의미한다.

이러한 스토리텔링의 역사는 인류의 역사와 그 맥을 같이 한다고 해도 과언이 아닐 것이다. 예일대 심리학과의 로저 생크(Roger Schank) 교수에 따르면, "인간의 지식과 기억은 스토리 방식으로 구성되어 있다"며 "스토리텔링은 인간의 잠재된 본성(Storytelling is deeply rooted in Human nature)"이라고 했다.

이러한 스토리텔링의 역사를 요약해보면, 구술전승 시대에는 구술의 현장과 대상이 거의 정해져 있었다. 그 내용도 전형적인 틀을 유지하고 있었다. 그러나 문자 시대에 이르자, 전승 내용이 전달자의 의도에 따라 재구성되고 기록물로 채록된다. 전승 내용, 즉 전달하는 이야기가 사적인 담화에서 공적인 담론으로 넘어가면서 전달자의 가치 평가가 개입된다. 이때부터 전달자의 신분이 노출되고 그와 더불어 전달자의 개성이 중시된다. 그런가 하면, 인쇄물에 의해서 전달자와 수용자의 시간적·공간적 거리가 사라지게 된다. 이때부터 스토리텔링은 인쇄 매체에 의해서 문학이 되고 공연 무대를 통해서 연극이 됐으며, 영상 매체의 발달에 의해 영화 예술로 태어나게 된다. 이윽고 전파·영상 시대가 개막되자 스토리텔링이 지닌 구술 연행(演行)의 특성이 회복되고, 여러 담론들이 뒤섞여 새로운 담화를 창출해내게 된다. 불특정 다수끼리 담화를 주고받는 '쌍방향 멀티 시스템'이 이루어진 셈인데, 담화의 내용과 틀이 더욱 개방되고 변형된다.

게다가, '기술 정보 시대'가 도래하자 스토리가 지닌 정보들이 산업화되기 시작했고, 스토리텔링은 영화, 광고, 음악, 게임, 만화, 애니메이션, 캐릭터 등 각종 문화 산업의 콘텐츠를 구성하게 되었다. 또 테마파크, 유적지, 관광지, 박물관, 축제, 이벤트 등을 기획하고 홍보하는 전략에도 쓰이게 되었다. 이와 함께 스토리텔링은 기업의 마케팅 전략에 도입돼 상품 판촉을 위한 방법으로 활용되는가 하면 도시와 국가의 브랜드 가치를 높이는 문화 브랜딩에도 적극적으로 도입되고 있다. 이를테면, 스티브 잡스는 위대한 이야기꾼이었다. 그의 휴먼 스토리에 취해 아이팟, 아이폰, 아이패드가 세계 시장을 점유하기에 이르렀다. 이 사례는 특정 인물 중심으로 스토리텔링을 창출해낸 케이스다.

스토리텔링은 그 소재는 물론 전달 방식 있어서도 획기적인 진화를 거듭하고 있다. 미디어의 발달과 함께 이미지나 소리를 통해서도 전파되기에 이르렀다. 게다가 스토리텔링은 애초부터 멀티미디어적 요소를 지닌 연행 양식이었으니, 스토리텔링 고유의 기법이 현대사회를 더욱 빠르게 움직여 나가고 있다. 전달자와 수용자의 쌍방향 의사소통에 따라 스토리가 변모하고 진화한다. 그만큼 유동적이고 개방적인 텍스트가 되고 있는 셈이다.

그 밑바탕에는 여전히 이야기(Story)가 있고 화자(teller)가 있다. 그렇다면, 이러한 이야기를 어떻게 만들어 가야 할 것인가? 스토리텔링은 전달의 방식도 중요하지만, 핵심은 역시 '전달하려는 내용'이다. 이러한 '서사적 담화'는 모두 일정한 틀을 지니고 있다. 일상적 이야기 구술도 그러하고 서사문학적 이야기 연행도 그러하다. 미국의 언어학자인 윌리엄 라보프(William Labov)에 의하면, 구술 서사체들은 다음과 같은 구성을 취한다.

1. 개요(abstract)
2. 소개(orientation)
3. 분규행위(complicating action)
4. 평가(evaluation)
5. 결과 또는 해결(result, resolution)
6. 결구(coda)

'개요'는 이야기 서술자가 이야기의 틀을 열면서 청중에게 전하는 짧막한 머리말로 이야기의 재미를 유도하는 단계이다. 이는 보도기사의 리드에 해당된다. '개요'는 뒤따를 이야기에 대한 광고나 예고편의 구실을 하게 된다. '소개'는 인물들의 행동이 이루어질 시간이나 장소, 상황을 예시하는 대목이다. 기사의 유형에 대입시켜보면, 피라미드형 기사의 서두에 해당된다. '소개'는 청중들의 궁금증을 유발시키는 한편 본격적인 이야기를 전개하기 위한 분위기를 띄우는 부분이다. '분규행위'는 이야기의 등장인물들이 서로 충돌하여 극적인 사건을 빚어내는 이야기의 핵심 부분이다. 피라미드형 기사의 클라이맥스에 해당된다. '평가'는 이야기를 전하는 이유, 다시 말해 이야기의 내용을 요약하여 전달하는 단계이다. '결과 또는 해결'은, 이야기의 '파국'에 해당된다. '분규행위'의 종결을 통해 이야기가 전해주는 정보나 교훈을 확정짓는다. '결구'는 이야기의 틀을 닫으면서 청중들에게 자신의 현실로 되돌아오게 한다. 수용한 이야기가 현실 속에서 갖는 의미를 생각하게 한다. 이러한 구성은 항목 '1'과 '2'가 겹쳐지기도 하고, '5'와 '6'이 한꺼번에 묶이기도 한다. 그럼, 이와 같은 스토리텔링 대본 쓰기의 노하우를 알아보자.

(2) 스토리텔링 글쓰기, 체크 포인트

① 단일한 스토리로 얽어 짜라

스토리텔링의 원고는 창작물이 아니다. 보도기사와 마찬가지다. 이미 제시되어 있는 소재나 자료를 재가공하는 작업이다. 따라서, 취사선택이 중요하고 이를 얽어 짜는 아이디어가 필요하다. 이때 가장 염두에 둬야 할 항목이 바로 하나의 주제를 명확하게 전달하자는 것이다. 하나의 주제를 전달하려면 스토리가 분명해야 한다. 세상의 모든 이야기는 인생살이의 여러 복합적인 요소를 담고 있다. 이러한 요소 중 주제 전달에 필요한 사실을 취하고 불필요한 곁가지는 쳐내야 한다. 하나의 주제를 향한 응집력이 필요하다. 주제가 명확하지 않으면 '결승점이 없는 달리기'를 하는 것과 같다.

비행기는 한 곳의 목적지를 향해 날아간다. 스토리텔링 글쓰기 역시 하나의 주제를 향한 일관성을 지녀야 한다. 뿐만 아니라, 서두에 생각거리를 제시해야 한다. 스토리텔링의 모태인 고전 설화는 대부분 연대기적 기술이었지만, 오늘날의 스토리텔링은 서두에 화두를 던져놓고 스토리를 전개시킨다. 이를 보도기사의 리드에 비유할 수 있는데, 청중이나 관객의 흥미를 끌어당기기 위한 장치다.

이때 유의해야 점은 스토리를 서서히 이끌어 가야 한다는 것이다. 즉, 서론 부분에서 결론을 말해선 안 된다는 것이다. 이를 보도기사의 유형에 비춰서 말하자면, 역피라미드형을 취해선 안된다는 얘기다. 다이아몬드형이나 혼합형을 따르는 게 좋다. 스토리의 도입부에서 결말이 제시되면, 스토리는 인과성을 잃는다. 흥미도 잃게 된다.

② 인물을 부각시켜라

모든 스토리에는 인물과 사건, 그리고 사건이 발생한 시간과 장소가 있다. 스토리텔링 또한 사건의 서술이기 때문에 '5W1H'가 있기 마련이다. 이러한 구성 요소의 기둥은 'Who(인물)'이다. 매스컴의 기사들도 그 내용을 들여다보면, 사실은 '사람 이야기' '돈 이야기'이다. 그만큼 호기심과 재미를 불러일으키는 요소라는 것이다. 스토리텔링 활용의 지침서인 『5가지만 알면 나도 스토리텔링 전문가』(리처드 맥스웰·로버트 딕먼 지음, 전행선 옮김, 지식노마드 펴냄, 2008)를 보면, 스토리의 구성 요소를 다음과 같이 정리해두고 있다.

    (1) 이야기가 담고 있는 열정(passion)

    (2) 사람들을 이끌어 자신의 관점으로 이야기를 볼 수 있게
        해주는 영웅(hero)

    (3) 이야기에 생동감을 불어 넣는 악당(antagonist)

    (4) 영웅을 성장하게 만드는 깨달음의 순간(awareness)

    (5) 이런 과정을 거친 후의 세상의 변화(transformation)

스토리의 중심은 역시 '인물'이다. 스토리는, 그 주인공에 따라 수용자의 관심도가 결정되고, 그 주인공을 바라보는 시각에 의해 스토리의 가치가 평가된다. 청중들은 이야기의 주인공에다 자신을 투영시켜

서 사건을 직시하고 또 해결하려 든다. 이런 심리를 가장 잘 활용하는 분야가 바로 컴퓨터 게임이다.

이런 주인공을 창조하는 방법은 고전 동화(fairy-tale)에 이미 잘 나타나 있다. 즉, 주인공을 '영웅(hero)'으로 만들기 위해선 반대 세력인 '악역(adversary)'을 내세워야 한다. 반대 세력의 힘이 커질수록 영웅은 부각된다. 두 세력의 갈등을 심화시키기 위해선 '조력자(supporter)'와 '후원자(benefactor)'가 필요하고, '주인공의 목표(goal)'를 제시해줘야 한다. 그리고 해피엔딩의 '수혜자(beneficiary)'를 보여주어야 한다.

이처럼 스토리는 인물을 통해 생명력을 얻는다. 따라서, 스토리텔링 글쓰기는 캐릭터 창출이 가장 중요하다. 이때 염두에 둬야 할 점은 기존 텍스트의 인물을 시대에 맞게 각색해야 한다는 것이다. 당시 뉴스의 초점이 되고 있는 인물이나 세계적인 저명인사를 암시하면, 현실적 생동감을 얻을 수 있다.

만약 스토리의 주인공이 사람이 아닌 동식물(천연기념물, 희귀 자연물 등)이나 사물(문화유적, 상품 등)일 경우엔 그 대상을 '인물'로 바꿔서 기술하면 된다.

③ 구어체를 사용하라

매스컴의 보도기사는 사실상 문어체이다. 이에 비해 스토리텔링은 스토리텔링 수용자를 향한 구연(口演)을 기본으로 삼고 있기 때문에 직접 말하듯이 원고를 써야 한다. 이렇게 문장을 쓰다보면, 문장이 저절로 호흡을 지니게 된다. 시의 리듬에 비유해서 표현하자면, 음수율과 음위율이 저절로 갖춰지게 된다. 문장의 길이는 물론, 음운의 고저와 장단, 강약이 맞춰지게 되는 것이다. 뿐만 아니라 손짓, 발짓 등의 의태어나 의성어를 한껏 활용할 수 있어 스토리의 사실감을 높여줄 수 있다. 구어체가 저절로 완성되는 셈이다.

구어체는 구체적인 일상어를 바탕으로 한다. 일상어는 고전적인 스토리를 현재화시킨다. 이에 따라 원전 텍스트의 현재적 의미를 창출하게 되고, 스토리텔링 수용자는 자신의 관점으로 스토리를 보게 된다. 여기서 '끊임없이 재생되는 이야기'로서의 스토리텔링, 그 특징을 볼 수 있다. 이때 염두에 둬야 할 것은 수용자의 눈높이에 맞는 화법을 구사해야 한다는 것이다. 이때 일상적인 관용어나 속담을 곁들이면 스토리가 효과적으로 전달되고, 그 의미가 부각된다. 관용어나 속담은 때때로 문법에 맞지 않고 비약적이며 상징성을 지닌다. 비속한 느낌을 줄 때도 있다. 그러나, 스토리텔링 글쓰기는 이를 한껏 활용해야 한다. 그 이유는 스토리가 인상적으로 전달되어 수용자의 반응을 증폭시킬 수 있기 때문이다.

④ 쉽고 용이하게, 단문으로 쓰라

스토리텔링의 문장은 특정 사실을 전달하기 위한 도구이다. 그 내용을 정확하게 전달하기 위해선 가급적 짧은 문장을 사용해야 한다. 스토리텔링은 구술의 형식을 지니기 때문에 문장이 길어지거나 중문·복문이 되면 전달이 어려워진다. 전달자도 그렇겠거니와, 청중이나 관객들이 의미맥락을 잃어버리기 쉽다. 보도기사가 그러하듯이,

스토리텔링 원고도 한 문장으로 한 가지 사실만을 전달해야 한다. 주술 관계가 명확해야 하고, 형용사나 부사 그리고 접속사 등을 줄여야 한다. 이런 원고도 구술될 때는 현장 분위기나 전달자의 주관에 의해 첨삭이 이뤄지기 마련이다. 그러므로 핵심적 사실의 뼈대를 제대로 세워두어야 한다. 복합적인 뉘앙스나 엉뚱한 상상을 불러일으킬 듯한 문장은 금물이다. 애매모호하거나 중의적인 표현을 삼가야 한다. 한자어나 외래어를 피하고, 전문용어나 약어 사용에 신중을 기하도록 한다. 번역문투의 수동태를 피하고, 주어를 앞세우도록 한다. 스토리에 역동성을 부여해 현재적 의미를 심어주기 위해서다.

⑤ 문답 형식을 도입하라

넓은 의미에서 스토리텔링은 마당극이다. 연희의 놀이터이다. 현장에서의 대화와 소통이 중요하다. 스토리 전달자의 일방적인 구술은 고전적인 수법이다. 최근 들어 스토리 전달자와 수용자와의 대화가 갈수록 중시되고 있다. 이에 대한 대처 방안이 필요하다. 그 방안 중의 하나가 스토리의 군데군데 문답을 끼워 넣는다는 것이다.

이러한 문답에는 두 종류가 있다. 전달자가 자문자답하는 형식, 그리고 수용자에게 질문을 던지는 방식이다. 수용자와의 대화는 수용자들의 참여를 유도하여 스토리에 맥락에 활기를 띄게 한다. 스토리의 굴곡이 되살아나고, 현실적 리얼리티를 확보하게 된다.

이런 점을 감안하여 질문을 만들 때, 답변이 쉽고 간명한 문항을 제시하도록 해야 한다. 답변이 여러 갈래로 나누어지는 문항보다는 단답형 문항이 좋다. 또한, 답변자의 신분이나 연령, 상황을 염두에 두고 문항을 작성해야 한다. 맨 처음엔 부담 없이 가벼운 질문을 끼워 넣고, 뒷부분에 이르러 스토리의 핵심에 관련되는 질문을 삽입하도록 한다. 그래야만 스토리의 내용이 인상적으로 전달되고, 메시지가 부각되기 때문이다.

이러한 문항을 만들 땐, 그 해답을 구체적으로 밝혀둬야 한다. 스토리텔링 현장에서의 문답이 여의치 않을 경우, 질문자가 자문자답하면서 스토리를 이어가도록 하기 위해서다.

⑥ 수수께끼를 활용하라

스토리텔링에서의 수수께끼는 현장 문답을 좀 더 흥미롭게 하기 위한 장치가 된다. 수수께끼는 현장 연행의 의미를 강화시키며, 스토리텔링을 재미있는 놀이마당으로 만들어준다. 수수께끼는, 해답은 평범하지만 문제가 기발하고 뜻밖이어서 주위 사람을 난처하게 만든다. 그만큼 그 내용을 인상적으로 기억하게 되고 주위 사람들에게 전해지게 된다.

이러한 수수께끼는 설화 구술의 중요한 기법으로 쓰였다. 수수께끼 형식은 오늘날의 스토리텔링에도 적지 않는 시사점을 던져준다. 그렇다면, 어떤 수수께끼를 어떻게 만들 것인가?

첫째, 하나의 문장으로 질문해야 한다. 짧은 문장일수록 좋다. 질문의 내용을 명확하게 제시하기 위해서다. 이를테면, 그리스신화에 나오는 '처음에는 네 발로 걷고, 다음에는 두 발로 걷고, 마지막으로는 세

발로 걷는 것이 무엇이냐?'와 같은 식이다.

둘째, 하나의 단어로 답변할 수 있도록 해야 한다. 문항이 스토리의 주제나 인물에 관련될수록 좋다. 스토리 전개를 위해 청중에게 가벼운 질문을 던져도 좋다. 어떤 경우든 해답이 명쾌해야 한다. 위의 수수께끼의 해답이 '사람'이듯이, 단답형이 좋다.

셋째, 질문의 문장을 재미있게 꾸며야 한다. 수수께끼는 말놀이나 말장난을 통해서 놀이 개념을 강화시킨다. 또한, 비합리적이고 비상식적인 질문을 통해 청자의 궁금증을 불러일으킨다. 이를테면, '눈을 감으면 보이고, 눈을 뜨면 안 보이는 것'과 같은 유형이다. 이때의 문장은 대조나 열거, 생략과 은유, 점층법과 중의법 등의 수사법이 쓰인다. 이들 중 몇 가지를 동시에 쓰면 효과가 배가 된다.

넷째, 뜻밖의 해답을 통해 교훈을 제시해야 한다. 수수께끼는 해답을 감춰서 궁금증을 불러일으키는 한편 수용자의 상상력을 촉발시키는 지적인 유희다. 위의 질문의 해답은 '꿈'이다. 이처럼 질문은 비상식적이지만, 답을 듣고 나면 고개를 끄덕거리게 된다. 그리고 흥미로운 교훈을 얻게 된다. 이러한 수수께끼는 스토리의 메시지를 함축적으로 전달하는 도구이며, 인간 삶의 은유를 담고 있는 약호(略號)이다.

⑦ 가치 평가를 개입시켜라

특정 사실을 전달한다는 점에서 스토리텔링 글쓰기는 기사 쓰기와 닮았지만, 이와 다른 점도 있다. 스토리란 결국 '세상의 변화'를 꾀

하는 것이다. 세상의 모든 스토리는 특정 사실을 인간의 감정으로 포장한 것이다. 지금껏 무수히 회자되어 온 스토리는 스토리 수용자들의 세계관을 형성하고 당대의 문화를 축적하는 데 중요한 역할을 했다.

여기엔 스토리텔링 작가들의 가치 평가가 개입되어 있었다. 스토리는 시대에 필요한 '영웅'을 창출시키고, 반대 세력인 '악역'에 의해서 그 존재가 부각되어 왔다. 새롭게 만들어진 멋진 스토리는 두 세력의 갈등 양상이 종전에 비해 뭔가 새롭기 때문이다. 시대적 이슈거리를 담고 있기 때문이다. 갈등 없이는 스토리도 없다(No Conflict, No Story). 갈등은 스토리를 이끌어 가는 원동력이며, 목표 달성을 위해 극복해야 하는 장벽이다. 갈등을 통해 주제가 무엇인지 보여줄 수 있고 주제가 의도하는 인생의 가치를 표현할 수 있다. 스토리텔링 작가는 이러한 갈등을 통해 자신의 세계관을 드러낸다. 스토리의 결말에 이르면, 그 세계관이 더욱 뚜렷하게 나타난다. 이처럼 자신이 쓰는 스토리가 폭넓은 공감을 얻으려면 객관적 사실을 주관적으로 해석해야 한다. 그 해석은 시의적이고 창의적이며 흥미로워야 한다. 이렇게 마무리되는 담화는 또 하나의 새로운 담화의 시작이다.

이 책과 함께 읽으면 좋은 책을 소개한다. 참고 서적이 더 필요하거나 관련 책을 더 읽어보고 싶은 독자에게 적절한 목록이 될 것이다. 저자와 책 제목, 출판사와 발행연도 순으로 정리했다.

매체 및 저널리즘 관련 서적

박진용,『실전기자론』, 나남, 2002.

우병헌,『멀티미디어 취재보도론』, 한국학술정보, 2002.

엘레노어 싱어·필리스 M. 엔드레니,『위험보도론』, 커뮤니케이션북스, 2003.

한국사진가협회,『나의 취재기』, 한국사진가협회, 2003.

고영신,『디지털시대의 취재보도론』, 나남, 2007.

김창룡,『인터넷시대, 실전 취재보도론』, 커뮤니케이션북스, 2007.

이원섭,『인터넷시대의 언론』, 나남, 2007.

빌 발코비치·로젠스틸,『저널리즘의 기본요소』, 한국언론재단, 2008

유일상,『취재보도입문』, 지식산업사, 2010.

미디어 글쓰기 관련 서적

황성근,『미디어 글쓰기』, 박이정, 2005.

김성희,『취재수첩보다 생생한 신문 기사 쓰기』, 랜덤하우스, 2007.

박상건,『예비 언론인을 위한 미디어 글쓰기』, 당그래, 2007.

배정근,『저널리즘 글쓰기』, 커뮤니케이션북스, 2007.

Rich, Carole, Writing and Reporting News: A Coaching Method, Cengage Learning, 2009.

한국신문협회,『대학생 글쓰기 가이드』, 한국신문협회, 2010.

Robert M Knight, Journalistic Writing, Marion Street Press, 2010.

스토리텔링 관련 서적

글누림 편집부,『스토리텔링과 네러티브』, 글누림, 2005.

리처드 맥스웰·로버트 딕먼,『5가지만 알면 나도 스토리텔링 전문가』, 지식노마드, 2008.

정창권,『문화콘텐츠 스토리텔링』, 북코리아, 2008.

셰일라 커런 버나드,『다큐멘터리 스토리텔링』, 커뮤니케이션북스, 2009.

김경섭·김장원·엄현섭·최성민,『글쓰기와 스토리텔링』, 박이정, 2010.

김정희,『스토리텔링 이론과 실제』, 인간사랑, 2010.

조정래,『스토리텔링 육하원칙』, 지식의날개, 2010.

리처드 마리우스·멜빈 E. 페이지,『역사 글쓰기, 어떻게 할 것인가』, 휴머니스트, 2010.

현장 취재에서 기사 작성까지

미디어 글쓰기

2013년 2월 25일 초판 1쇄 펴냄
2019년 3월 11일 초판 2쇄 펴냄

펴낸이 김재범
편집 김형욱, 강민영
관리 강초민, 홍희표
인쇄·제본 굿에그커뮤니케이션
종이 한솔 PNS
디자인 나루기획
펴낸곳 ㈜아시아
출판등록 2006년 1월 27일
등록번호 제406-2006-000004호
전화 02-821-5055
팩스 02-821-5057
주소 서울시 동작구 서달로 161-1 3층(흑석동)
이메일 bookasia@hanmail.net
홈페이지 www.bookasia.orgl

SBN 978-89-94006-56-7 13070

* 값은 뒤표지에 표시되어 있습니다.